AF537823

Adolf Loos

Ins Leere gesprochen

und andere ausgewählte Schriften

mit einem Vorwort von Christoph Paret

PARRHESIA

ISBN 978-3-98731-500-8
1. Auflage 2023

Printed in Stettin, Poland.
www.parrhesia-verlag.de

Inhaltsverzeichnis

Vorwort des Verlags

Diese Ausgabe der Schriften Adolf Loos' umfasst die Zeitungsartikel, die er in verschiedenen Zeitschriften Wiens von 1897 bis 1900 veröffentlichte, und anschließend mit Franz Glück im Jahr 1932 herausbrachte. Letzterer publizierte eine neu durchgesehene Auflage noch einmal im Jahr 1962.

Im Gegensatz zur Erstausgabe sind dort die Artikel nicht nach Erscheinungsort geordnet, sondern in Aufsätze anlässlich der Wiener Jubiläumsausstellung 1898 und »übrige Aufsätze« geordnet. Die Ausgabe von 1932 kann als eine »Ausgabe letzter Hand« Adolf Loos' gesehen werden (siehe zum Beispiel Susanne Eckel: Das frühe schriftstellerische Werk des Wiener Architekten Adolf Loos, S. 53), weshalb sich der vorliegende Band an ihr orientiert.

Das Vorwort ist verfasst von Dr. Christoph Paret, Dozent an der Universität Wien und Autor des Artikels »Zurück auf Loos. Was wurde aus dem Traum einer ästhetikbefreiten Existenz?« (Lettre international, Nr. 136, S. 112–115). Es werden Texte Adolf Loos' aus dem vorliegenden Buch zitiert, bis auf den Text »Josef Veillich«, der aus der oben genannten Ausgabe von Franz Glück stammt.

Vorwort

Weißes Zion oder White Cube?

Ist das Denken von Loos jetzt, in seinem neunzigsten Todesjahr, noch aktuell? »Hoffentlich nicht!«, hätte Loos gerufen. Wenn es ein Verdienst gab, das er sich selbst anrechnete, dann war es dieses: ein Mann *seiner* Zeit zu sein, ja, vielleicht der einzige Mann seiner Zeit zu sein. Die Mehrzahl seiner Mitbürger sah er als Angehörige irgendeiner Vergangenheit an. Eine kleine Schar wäre in die Zukunft vorgeprescht – die Künstler. Aber vielleicht nur ein einzelnes Individuum hätte es vermocht, sich mit der eigenen Zeit zu synchronisieren. Das war Loos, das wäre Loos zumindestens gern gewesen, der 1908 schrieb: »Ich lebe vielleicht im jahre 1908, mein nachbar aber lebt um 1900 und der dort im jahre 1880. [...] Und im jubiläumsfestzuge gingen völkerschaften mit, die selbst während der völkerwanderung als rückständig empfunden worden wären.«[1]

Ein Mann von heute kann unter Umständen also sehr einsam sein. Seine Einsamkeit wird sich allerdings unterscheiden von der zum Klischee gewordenen Einsamkeit der Künstler: »Der künstler hat bei den lebenden keine majori-

1 Ornament und Verbrechen, S. 262.

tät hinter sich zu haben. Sein reich ist die zukunft.«[2] Loos dagegen konnte nicht auf seine Zukunft warten. Er sah seine Erlösung beispielsweise nicht in uns, den später Geborenen. Denn Loos' Problem war nicht, dass seine Zeit nicht gekommen war, Loos' Problem war, dass seine vorgeblichen Zeitgenossen nicht in *seine* Zeit mitgekommen waren. Für Loos gab es nur das Heute und es gab – vielleicht – nur ihn in diesem Heute. Ein Verdienst, das Rückblicke aller Art in seinen Augen verdächtig machen müsste. Kein Wunder, dass er sich seinen eigenen Nachruf selbst geschrieben hat. »Und ich warte nicht auf meine nekrologe. Ich sage es gleich selber.«[3] Ist Loos also noch aktuell? Loos wirklich zu lesen, heißt diese Frage umzukehren: Sind denn wir, seine Leser, aktuell? Dürfen wir von uns behaupten, Zeitgenossen unserer selbst zu sein?

Am allerwenigsten jedenfalls kann schlichte Neuheit eine Garantie für Zeitgenossenschaft sein. Loos wird nicht müde, darauf hinzuweisen. Das Ornament der Vergangenheit beispielsweise mag vielleicht noch entschuldbar sein, keine Gnade findet unter Loos' Augen aber gerade das neuerfundene Ornament der Gegenwart: »So weh es mir tat, ich fand, dass diese neuerfundenen ornamente noch weniger mit unserer zeit zu tun hatten als die falsche nachahmung

2 Architektur, S. 286.

3 Joseph Veillich. Adolf Loos: Sämtliche Schriften in zwei Bänden. Erster Band, herausgegeben von Franz Glück, Wien, München: Herold 1962, S. 436.

alter stile.«[4] Wie viele wollten modern sein und vermochten lediglich modisch zu sein! »Das moderne ornament hat keine eltern und keine nachkommen, hat keine vergangenheit und keine zukunft. Es wird von unkultivierten menschen, denen die größe unserer zeit ein buch mit sieben siegeln ist, mit freuden begrüßt und nach kurzer zeit verleugnet.«[5] Während die Moderne für das Veralten des Alten steht, steht die Mode für das Veralten des *Neuen*. Das veraltete Alte kann man immerhin stehen lassen und ins Museum verfrachten, um dann etwas Neues zu machen. Des veralteten Neuen schämt man sich dagegen schnell und will sich seiner entledigen: »›Schaun sie sich den dreck nicht an, den hab ich vor drei jahren gemacht‹, sagte der moderne architekt und wurde wegen dieses ausspruches als der große mann gefeiert, der alle drei jahre sich selbst zu überwinden weiß.«[6] Zeitgemäß zu sein hat also nicht einmal unbedingt etwas damit zu tun, aktuell zu sein. Umgekehrt sind fortgesetzte Aktualisierungsbemühungen und Selbstrevisionen ein deutliches Anzeichen dafür, die eigene Zeit zu verfehlen.

Was aber ist das unverwechselbare Merkmal der eigenen Zeit? Wie bringt man es zustande, auf der Höhe der eigenen Zeit zu sein? Was voraussetzt, dass die eigene Zeit eine

4 Hands off!, S. 290.

5 Ornament und Verbrechen, S. 265.

6 Joseph Veillich. Adolf Loos: Sämtliche Schriften in zwei Bänden. Erster Band, herausgegeben von Franz Glück, Wien, München: Herold 1962, S. 436.

Höhe hat und etwas Eigenes. Auf der Höhe der eigenen Zeit sein würde vielleicht bedeuten, die anderen Zeiten nicht zu kopieren – es sei denn, das bestimmende Merkmal der eigenen Zeit wäre eben dies: in allen Zeiten und allen Kulturen daheim zu sein. Letzteren Gedanken hat Loos immer wieder, und nicht ohne ein gewisses Erschrecken, erwogen: »Andere jahrhunderte haben auch nicht kopiert. Das ist unserer zeit vorbehalten gewesen.«[7] Insofern wäre das neunzehnte Jahrhundert in gewisser Weise das erste gewesen, das anders als alle anderen war, wenn auch nur aus dem schlichten Grund, weil es nichts als die Kopie aller anderen sein wollte. Die eigene Kultur als Kultur der kulturellen Aneignung also:

»Ich werde demnächst einen vortrag halten: warum haben die papuas eine kultur und die deutschen keine? Die geschichte der menschheit hatte bisher noch keine periode der kulturlosigkeit zu verzeichnen. Diese periode zu schaffen, war dem stadtmenschen in der zweiten hälfte des neunzehnten jahrhunderts vorbehalten. Bis dahin blieb die entwicklung unserer kultur in schönem gleichmäßigen fluss. Man gehorchte der stunde und sah nicht vorwärts und nicht rückwärts.«[8]

Was aber soll bitteschön so schlimm daran sein, nicht »der stunde« zu gehorchen? Bisweilen wirkt Loos' Suche nach

7 Möbel, S. 156f.

8 Architektur, S. 273.

einer neuen Strenge in Geschmacksfragen wie die Verleugnung von Tatsachen, die er andererseits doch anerkennt und sogar begrüßt – der bürgerlichen Freiheit und des Resultats des Wegfalls von Standesschranken: »Die zeit der kleiderordnungen ist ja vorüber.«[9] Loos, der sich einiges auf seine Rückhaltlosigkeit und Entschiedenheit zugute hielt, würde somit zu einem entscheidenden Zeitpunkt Rückhaltlosigkeit missen lassen, jene Rückhaltlosigkeit nämlich, die bedeutet hätte, das spezifisch Eigene der eigenen Zeit in der Abkehr von der Vorstellung einer Eigentlichkeit und eines ›wahren Stils‹ zu sehen. Deshalb scheint er in der ständigen Gefahr zu schweben, den freien Stilmix seiner Zeit durch ein neues Reglement zu unterbinden, von dem man fragen muss, ob es nicht mindestens genauso willkürlich sein wird wie die Willkür, die es bannen soll. Gerade die Suche nach dem einen zeittypischen Stil macht ihn verdächtig, und er weiß darum: »Man befürchtet die einförmigkeit? Ja, waren die alten bauten innerhalb einer epoche und eines landes nicht auch einförmig? So einförmig, dass es uns möglich ist, sie dank ihrer einförmigkeit nach stilen und ländern, nach völkern und städten zu sichten?«[10].

Viel liegt aber daran, dass wir es uns selbst mit Loos nicht zu bequem machen. Loos teilt eine weitestgehend unhinterfragte Grundüberzeugung *unserer* Zeit nicht: Dass überhaupt nur Repression uniforme Effekte habe, wohingegen

9 Die Herrenhüte, S. 112.

10 Architektur, S. 284.

sich allein unter der Bedingung der Freiheit die Chance bieten würde, dass sich individuelle Unterschiede entfalten. Was seinen Schriften bis heute einen zutiefst beunruhigenden Anstrich geben kann, ist der Umstand, dass in ihnen die von uns für so selbstverständlich gehaltene enge Bindung zwischen ›Freiheit‹ und ›Pluralität‹ auf der einen Seite und ›Repression‹ und ›Uniformität‹ auf der anderen gekappt ist. Wer Loos' Unterdrückung des Ornaments anprangern wollte, liefe deshalb Gefahr, die Unterdrückung *durch* das Ornament zu übersehen, wie sie Loos selbst anprangert. Es ist aus seiner Perspektive mehr als zweifelhaft, ob es ein freies Ornamentieren gibt, wenn das Ornament zunächst das stigmatisierende Zeichen der Unfreiheit ist. Das gilt einmal ganz generell für die Damenmode, Signum jahrhundertelanger Unfreiheit, es gilt aber auch teilweise für die Männerwelt:

> »Männer, denen man eine moderne errungenschaft, die selbstbestimmung, vorenthalten will, kleidet man in gold, samt und seide: lakaien und minister. Und der monarch hüllt sich bei besonderen gelegenheiten in hermelin und purpur, ob es nun seinem geschmacke entspricht oder nicht: als erster diener des staates. Auch beim soldaten wird durch farbige und goldstrotzende uniformen das gefühl der hörigkeit erhöht.«[11]

Loos schwingt sich also nicht einfach zum Geschmacksvormund auf. Viel eher stellt er fest, dass die breite Palette

11 Damenmode, S. 202f.

an unterschiedlichen Stilen, die er in seiner Zeit beobachten kann, das Ergebnis ebensolcher Geschmacksvormunde ist. Loos will die Produzenten und Konsumenten gleichermaßen vom Geschmacks-Diktat dieser wechselnden Vormunde befreien, von den Archäologen, von den Tapezierern, von den Architekten, den Malern, den Bildhauern und vor allem von den Kunstgewerbsschulen.[12] Loos zufolge wird sich erst unter freien Bedingungen jene Wahrheit zur Geltung bringen, die die Wahrheit des Ähnlichen ist: »Gewiss hätten unsere tischler, wenn man ihnen nicht den kontakt mit dem leben genommen hätte, ganz ohne beeinflussung ähnliche sessel erzeugt. Denn zwischen dem tischlermöbel *einer* kulturanschauung und *ein und derselben* zeit gibt es nur so kleine unterschiede, dass sie nur dem genauen kenner auffallen können.«[13]

Dass solche Aussagen nicht rein spekulativ waren, sondern eine gewisse Basis im Realen hatten, konnte Loos allerdings nicht von den Möbelfabrikaten seiner Zeit wissen. In diesem Zusammenhang ist es keineswegs unerheblich, dass seine Aufmerksamkeit der Bauarchitektur genauso galt wie der Inneneinrichtung und der Kleidungsmode. Die ihm eigene Problemstellung hätte sich ihm kaum aufdrängen können, wenn er sich ausschließlich auf den einen oder den anderen Bereich konzentriert hätte. Erst vor dem Hintergrund seiner Beobachtung, dass es in den Bereichen der

12 Interieurs, S. 63.

13 Das Sitzmöbel, S. 81.

Kleidermode und der Inneneinrichtung zu gegenläufigen Entwicklungen gekommen sei, ergibt sich die Möglichkeit einer Wahl: Auf der einen Seite »die schönen ornamente, die unsern hausrat bedeckten«, auf der anderen Seite die Tatsache, dass er an seiner Kleidung »so gar nichts von kunst, gewerbekunst, angewandter kunst, also kunst überhaupt, entdecken konnte.«[14] Erst ausgehend von dieser kulturellen Gabelung ergibt sich die Frage, »wer recht habe, der heutige, ornamentlose rock oder der heutige schrank mit seinen altherkömmlichen ornamenten des renaissance-, rokoko-, empirestils. Darüber waren wir uns einig, dass sowohl der rock wie der schrank dem geiste unserer zeit entsprechen sollten. Ich und die andern. [...] Ich entschied mich für den rock.«[15]

Eine solche Entscheidung ist umso bemerkenswerter, als sie gerade keine Entscheidung für das Bemerkenswerte ist: Was zunächst vielleicht ausgesehen haben mochte wie das Problem, dass die eigene Zeit aller Charakteristika ledig ist, erweist sich nun als das Problem, dass das Zeitgemäße vielleicht überhaupt niemals heraussticht. Zeitgemäß zu sein würde demnach schlichtweg bedeuten, un-charakteristisch zu sein. Insofern es nämlich stimmt, dass der ornamentlose Rock repräsentativ für die eigene Zeit ist, wird er allenfalls im Vergleich zu anderen Zeiten ins Auge fallen, in seiner eigenen Zeit wird er untergehen: »Wir haben ja gegenstände,

14 Hands off!, S. 289.

15 Hands off!, S. 289.

die deutlich den stempel unserer zeit aufweisen. Unsere kleidung, unser gold- und silberschmuck, unsere juwelen, unsere wagen und eisenbahnwaggons, unsere fahrräder und lokomotiven gefallen uns ja ganz gut. Nur machen wir nicht so viel aufhebens davon.«[16] Das Zeitgemäße ist nicht unbedingt das, was uns am besten gefällt, sondern was uns allenfalls »ganz gut« gefällt. »Ganz gut«: Eine Abschwächung im sprachlichen Kleid einer Bekräftigung. »Ganz gut«: weniger als gut, und dennoch und trotzdem *ganz* gut. An anderer Stelle heißt es in ähnlicher Manier, es komme nicht darauf an, »schön« angezogen zu sein, sondern »korrekt« angezogen zu sein[17]: Zeitgemäß zu sein heißt, die Kunst zu beherrschen, sich nicht zu unterscheiden zu wissen: »Ein kleidungsstück ist modern, wenn man in demselben im kulturzentrum bei einer bestimmten gelegenheit *in der besten gesellschaft* möglichst wenig auffällt.«[18] Statt feiner Unterschiede also die Feinheit der Ununterscheidbarkeit. Damit scheint ein eigentümliches Problem einherzugehen: Man solle sich an der eigenen Zeit ein Vorbild nehmen, aber das Vorbildliche der eigenen Zeit fällt konstitutiv nicht ins Auge: Was, wenn der moderne Geschmack, der sich allein sehen lassen kann, so beschaffen ist, dass er notorisch übersehen wird?

16 Kunstgewerbliche Rundschau, S. 205. Hervorhebung d. C. Paret.

17 Die Herrenmode, S. 47.

18 Die Herrenmode, S. 48.

Loos' Antwort: Das Zeitgemäße kann nur dadurch kenntlich werden, dass es zur selben Zeit vom Unzeitgemäßen umspült wird. Auf diese Weise kann das Zeitgemäße ausnahmsweise sogar alle Züge des Grellen annehmen. So hat Loos auch seine eigene Rolle im Diskursfeld seiner Zeit verstanden: »Denken sie sich die situation so. Ein jeder trägt eine kleidung, die einer vergangenen zeit angehört oder einer imaginären, fernen zukunft. Da sähe man männer aus dem grauen altertum, frauen in hochgetürmten frisuren und reifrock, zierliche herren in burgundischer hose. Und dazwischen ein paar neckische moderne mit violetten escapins und apfelgrünen seidenen wämsern mit applikationen von professor Walter Scherbel. Und nun träte ein mann in schlichtem gehrock unter sie. Würde er nicht auffallen? Ja, viel mehr, würde er nicht ärgernis erregen? Und würde nicht die polizei gerufen werden, die dazu da ist, alles zu entfernen, was ärgernis erregt?«[19] Nur in einer Zeit des Unzeitgemäßen könnte der Zeitgemäße selbst zum Skandal werden. Hier begegnet uns vielleicht die ultimative Denkfigur Loos': Die Verkehrung der Absenz bemerkenswerter stilistischer Merkmale in das ultimative stilistische Merkmal. Sie taucht auch in der vielleicht berühmtesten Passage Loos' auf: »Jede zeit hatte ihren stil und nur unserer zeit soll ein stil versagt bleiben? Mit stil meinte man das ornament. Da sagte ich: Weinet nicht. Seht, das macht ja die größe unserer zeit aus, dass sie nicht imstande ist, ein neues ornament hervorzubringen. Wir haben das ornament überwun-

19 Architektur, S. 283.

den, wir haben uns zur ornamentlosigkeit durchgerungen. Seht, die zeit ist nahe, die erfüllung wartet unser. Bald werden die straßen der städte wie weiße mauern glänzen! Wie Zion, die heilige stadt, die hauptstadt des himmels. Dann ist die erfüllung da.«[20] Statt die Leere der eigenen Gegenwart zu beklagen, wird hier die Gegenwart als Leere für sich reklamiert. Für die Ornamentlosigkeit zu plädieren heißt, die Leere des Eigenen in die eigene Erfüllung durch die Leere zu verkehren. Es heißt, das glanzlose Ich-weiß-nicht bezüglich der eigenen Gegenwart zu verwandeln in das glänzende Weiß der Zukunft.

So ist es aber nicht gekommen. Warum? Der Grund ist jedenfalls nicht der, dass Loos keine Wirkung gehabt hätte. Die bleibende Ironie seiner Rezeptionsgeschichte besteht vielmehr darin, dass er dort wirkte, wo er nicht wirken wollte, und umgekehrt dort keine nennenswerten Spuren hinterließ, wo er Einfluss haben wollte. Loos wollte das Handwerk und allgemein das Leben von allen künstlerischen Ambitionen befreien. Allerdings realisierte sich sein Willen zum Ornamentlos-Kahlen ausgerechnet an jener Stelle, an der er sogar bereit war, künstlerische Ambitionen zuzulassen, in der Kunst selbst. Wenn es nach Loos gegangen wäre, dann hätte sich die Kunst (im Unterschied etwa zur Architektur, aber auch im Unterschied zu Haushaltsgegenständen und zur Bekleidung) als eine einzige Sphäre völliger Unverbindlichkeit entfalten können, als Raum

20 Ornament und Verbrechen, S. 259.

ständiger Neuerung und Exaltiertheiten.[21] In der Vorstellung von Loos sollte es Hand in Hand gehen: Auf der einen Seite die Narrenfreiheit der Kunst, auf der anderen Seite die Befreiung des Lebens von der Kunst und deren Verbannung an einige ausgewählte Kunststätten, an die Oper, das Schauspielhaus oder das Museum.

Doch wenn Loos im Jahr 1917 beifällig feststellt, dass immerhin »alle sanitären artikel von den ›künstlern‹ verschont geblieben«[22] sind, rechnet er nicht mit Duchamps brillant-böswilliger Geste aus exakt demselben Jahr, ein derart künstlerisch unbearbeitetes Urinal *als Kunst* auszustellen. Und es war diese Geste, die Schule machen sollte: Im Lauf des zwanzigsten Jahrhunderts sollte das, was Loos für die Kunst nur ausnahmsweise zulassen wollte, zunehmend im Leben selbst Geltungskraft erlangen. Dagegen war die eine Sonderzone, in der die Loos'sche Nüchternheit und Ehrlichkeit eine gewisse Chance erhielt, der Raum der Kunst. Das gesellschaftliche Leben würde sich also immer mehr in den Ort einer unverbindlichen Freiheit und Simulation verwandeln (die Stichworte lauten ›Gesellschaft des Spektakels‹, ›Konsumgesellschaft‹, ›Kulturindustrie‹), wohingegen in der Kunst allein strengste Gesetzmäßigkeiten und die Wahrheit selbst regieren würden. Die Kunst wollte das letzte Refugium sein, in dem man seine Verfahren offenlegte und Abstand davon nahm, Effekte auszuüben.

21 Architektur, S. 285.

22 Hands off!, S. 292.

Malewitschs ikonisches *Schwarzes Quadrat* stellt nicht nur auf womöglich irreführende Weise ein schwarzes Quadrat dar, es ist schlichtweg eines. René Magritte bildet keine Pfeife ab, ohne zugleich die Wahrheit zu verkünden: »Ceci n'est pas une pipe.« Darauf hatte Loos nicht gewettet.

Loos dagegen wollte die Kunst als Kitsch. Gerade die Zügellosigkeit und die sinnliche Überwältigungskraft der Kunst würde es dann erforderlich machen, das Leben im Kontrast dazu als eine Ruhezone des Ungestalteten, Nicht-Ornamentierten und Unaufgeregten zu begreifen: Von »so viel kunst will man sich auch hie und da ausruhen. Oder könnten sie in einer bildergalerie wohnen? Oder monate lang in ›Tristan und Isolde‹ sitzen? Nun also!«[23] Gerade weil der Bürger Kunst konsumiert, könne er im Unterschied zum Arbeiter auf das Ornament verzichten: »Wer aber zur neunten symphonie geht und sich dann hinsetzt, um ein tapetenmuster zu zeichnen, ist entweder ein hochstapler oder ein degenerierter.«[24]

Adolf Loos: Das ist der niemals realisierte Traum eines nüchternen Lebens und Arbeitens, in dem man sich von den Strapazen der Kunst erholt. Wir kennen seit über hundert Jahren nur die umgekehrte Version, die Regeneration bei der (Massen- oder Avantgarde-)Kunst von den Anstrengungen des Lebens und Arbeitens. Man muss schon Loos lesen,

23 Von einem armen reichen Manne, S. 250.

24 Ornament und Verbrechen, S. 257.

um noch einmal Anlass zu finden, sich zu wundern, warum wir nicht sein weißes Zion bekamen, sondern lediglich den *White Cube*. Lesen wir also Loos. Lesen wir ihn, nicht um zu verstehen, wer wir sind, sondern um zu erahnen, wer wir hätten sein können.

Christoph Paret

Christoph Paret ist wissenschaftlicher Mitarbeiter an der Universität Wien. Er beschäftigt sich unter anderem mit der Philosophie der Ästhetik, der Kunst der Moderne und der Geschichte der Emanzipation.

Ins Leere gesprochen

Vorwort

Dieses buch umfasst meine schriftlichen arbeiten bis zum jahre 1900. Die darin enthaltenen aufsätze waren zu einer zeit geschrieben, da ich tausend rücksichten zu nehmen hatte. Meine wahre meinung musste ich aus pädagogischen gründen in sätze fassen, die mir nach jahren beim lesen nervenschmerzen verursachten. Nur auf drängen meiner schüler habe ich mich seinerzeit entschlossen, der herausgabe dieser aufsätze zuzustimmen. Mein treuer schüler architekt Heinrich Kulka hat die erste auflage bearbeitet, die im verlag von Georges Crès u. Co., Paris, erschienen ist, da kein deutscher verlag 1920 die veröffentlichung wagte. Es war wohl in den letzten hundert jahren das einzige buch, das original in deutscher sprache in Frankreich herausgegeben wurde. Nun sind die aufsätze stilistisch und inhaltlich durchgegangen worden, ohne dass ihr zeitcharakter ihnen irgendwie genommen worden wäre. Eine kleine vermehrung ist durch den aufsatz »Die potemkinsche stadt« erfolgt.

Der leser wird mit ärger bemerken, dass die hauptwörter mit kleinen anfangsbuchstaben geschrieben sind. Diese schreibweise hat schon Jacob Grimm als logische folge der anwendung der antiquabuchstaben angeordnet, und seine schüler, also alle germanisten, drucken seither auf diese art.

Ich schalte hier ein paar sätze aus Jacob Grimms vorrede zum deutschen wörterbuch ein: »Alle schrift war ursprünglich majuskel, wie sie in stein gehauen wurde, für das schnelle schreiben auf papyrus und pergament verband und verkleinerte man die buchstaben, wodurch sich die züge der minuskel mehr oder minder abänderten. Aus den mit dem pinsel hinzugemalten initialen der handschriften entsprang die verbogene und verzerrte gestalt der majuskel ... In lateinischen büchern blieben außer den initialen nur die eigennamen durch majuskel hervorgehoben, wie noch heute geschieht, weil es den leser erleichtert. Im laufe des 16. jahrhunderts führte sich zuerst schwankend, endlich entschieden der missbrauch ein, diese auszeichnung auf alle und jede substantive zu erstrecken, wodurch jener vorteil wieder verloren ging, die eigennamen unter der menge der substantiva sich verkrochen und die schrift überhaupt ein buntes schwerfälliges ansehen gewann, da die majuskel den doppelten oder dreifachen raum der minuskel einnimmt ... Kürze und leichtigkeit des ausdrucks, die im ganzen nicht unser vorzug sind, weichen vor diesem geschlepp und gespreize der buchstaben völlig zurück. Meinesteils zweifle ich nicht an einem wesentlichen zusammenhang der entstellten schrift (fraktur) mit der zwecklosen häufung der großen buchstaben, man suchte darin eine vermeinte zier und gefiel sich im schreiben sowohl an den schnörkeln als an ihrer vervielfachung ...

Hat nur ein einziges geschlecht der neuen schreibweise sich bequemt, so wird im nachfolgenden kein hahn nach der alten krähen ... Lassen wir doch an den häusern die giebel, die vorsprünge der balken, aus den haaren das puder weg, warum soll in der schrift aller unrat bleiben?«

Ich weiß, dass Jacob Grimms gedanken einmal von allen deutschen werden ergriffen werden. Außer dem deutschen gott haben wir auch die deutsche schrift. Beides ist falsch. Sagt doch schon Jacob Grimm am selben orte: »Leider nennt man diese verdorbene und geschmacklose schrift (die fraktur) sogar eine deutsche, als ob alle unter uns in schwang gehenden missbräuche zu ursprünglich deutschen gestempelt, dadurch empfohlen werden dürften.«

Alle diese deutschen heiligtümer, die von anderen herrühren und nur dadurch deutsch geworden sind, dass sie im deutschen geistesbezirk erstarrten und sich nicht mehr verändern konnten, mögen in die rumpelkammer geworfen werden. Ich deutscher protestiere dagegen, dass alles, was von anderen völkern für immer abgelegt wurde, als deutsch ausgeschrien werde. Ich bin dagegen, dass immer und immer wieder zwischen deutsch und menschlich eine schranke gezogen wird.

Das starre festhalten an der schreibung der hauptwörter mit großen anfangsbuchstaben hat eine verwilderung der sprache zur folge, die davon herrührt, dass sich dem deutschen eine tiefe kluft zwischen dem geschriebenen wort und der gesprochenen rede auftut. Man kann keine großen anfangsbuchstaben sprechen. Jedermann spricht, ohne an große anfangsbuchstaben zu denken.

Nimmt aber der deutsche die feder zur hand, dann kann er nicht mehr schreiben wie er denkt, wie er spricht. Der schreiber kann nicht sprechen, der redner nicht schreiben. Und schließlich kann der deutsche beides nicht.

Wien, im august 1921.
Paris, im juli 1931.

Adolf Loos

DIE AUFSÄTZE
ANLÄSSLICH DER WIENER JUBILÄUMS-
AUSSTELLUNG VON 1898

LEDERWAREN UND GOLD- UND SILBERSCHMIEDEKUNST

(15. mai 1898)

Wenn man an der scholle klebt, kommt einem niemals zum bewusstsein, welche schätze die heimat birgt. Das vorzügliche wird zum selbstverständlichen. Hat man sich aber draußen umgesehen, dann tritt ein umschwung in der wertschätzung des heimischen ein.

Als ich vor jahren die heimat verließ, um die architektur und das gewerbe auf der anderen seite des atlantischen ozeans kennenzulernen, war ich noch völlig überzeugt von der überlegenheit des deutschen kunsthandwerkes. In Chicago ging ich mit stolzem hochgefühl durch die deutsche und durch die österreichische abteilung. Mitleidig lächelnd blickte ich auf die amerikanischen »regungen des kunstgewerbes«. Wie hat sich das geändert! Der jahrelange aufenthalt drüben hat bewirkt, dass mir noch heute die schamröte ins gesicht steigt, wenn ich bedenke, welche blamage das deutsche kunsthandwerk in Chicago erlebt hat. Diese stolzen prachtleistungen, diese stilvollen prunkstücke, sie waren nichts weiter als banausische verlogenheit.

Zwei gewerbe waren es, die unser prestige retteten. Das österreichische prestige, nicht das deutsche, denn die deutschen hatten auch hier nichts gutes aufzuweisen. Diese gewerbe waren die ledergalanteriefabrikation und die gold-

und silberschmiedekunst. Sie taten es nicht in gleicher weise. Während es jene auf allen gebieten ehrlich meinte, traf man diese auch im verlogenen lager. Damals hatte ich eine stille wut über diese sachen. Da gab es portemonnaies, zigarren- und zigarettentaschen, bilderrahmen, schreibzeuge, koffer, taschen, reitpeitschen, stöcke, silbergriffe, feldflaschen, alles, alles glatt, ohne ornamentalen schmuck, die silberwaren höchstens gerieft oder gehämmert. Ich schämte mich dieser arbeiten. Das war kein kunstgewerbe, das war mode! Und mode! Welch schreckliches wort! Für einen echten und rechten kunstgewerbler, der ich damals noch war, das reine schimpfwort.

Gewiss, die wiener kauften solche sachen gern. Den bemühungen der kunstgewerbeschule zum trotz nannte man sie »geschmackvoll«. Vergeblich wurden die schönsten gegenstände der früheren kunstepochen hervorgesucht und zur anfertigung empfohlen. Die gold- und silberschmiede taten schließlich auch, wie ihnen geheißen wurde. Sie ließen sich zeichnungen von den berühmtesten männern anfertigen. Aber die danach gearbeiteten gegenstände waren unverkäuflich. Die wiener blieben eben unverbesserlich. (Anders in Deutschland. Da wurden die portemonnaies und zigarettentaschen mit den schönsten renaissance- und rokokoornamenten übersät und fanden reißenden absatz. »Stilvoll« hieß die losung.) Mühsam konnte man den wiener dazu bewegen, seine wohnungseinrichtung der neuen lehre untertänig zu machen. Aber bei seinen gebrauchsgegenständen und am eigenen leibe folgte er nur seinem eigenen geschmacke, und der fand alle ornamente ordinär.

Damals also war ich noch anderer meinung. Jetzt aber stehe ich nicht an, zu erklären, dass mich damals das dümmste gigerl an geschmack übertroffen hätte. Die scharfe amerikanische und englische luft hat alle voreingenommenheit gegen die erzeugnisse meiner eigenen zeit von mir genommen. Ganz gewissenlose menschen haben es versucht, uns diese zeit zu verleiden. Stets sollten wir rückwärts schauen, stets uns eine andere zeit zum vorbild nehmen. Wie ein alp ist es von mir gewichen. Jawohl, unsere zeit ist schön, so schön, dass ich in keiner anderen leben wollte. Unsere zeit kleidet sich schön, so schön, dass ich, wenn ich die wahl hätte, mir das gewand irgend einer zeit auszuwählen, freudig nach meinem eigenen gewande griffe. Es ist eine lust zu leben. Inmitten der allgemeinen handwerklichen charakterlosigkeit muss man es den erwähnten beiden zweigen des österreichischen kunstgewerbes als hohes verdienst anrechnen, dass sie rückgrat genug besaßen, sich der allgemeinen zeitverleugnung nicht anzuschließen. Ehre aber auch den wienern, die diese beiden zweige, allen kunstgewerblichen reformen zum trotz, durch ihre kauflust unterstützten. Heute können wir es getrost aussprechen: Nur die ledergalanteriefabrikation und die gold- und silberindustrie verschaffen dem österreichischen kunstgewerbe auf dem weltmarkte geltung.

Die industriellen dieser branchen haben eben nicht erst gewartet, bis der staat durch einführung englischer vorbilder der allgemeinen stagnation ein ende bereitet, was sich jetzt in der möbelindustrie als notwendig herausstellt, sondern haben schon vor fünfzig jahren an den englischen ideen neue kräfte gesammelt. Denn englisch ist diese industrie von a bis z. Und trotzdem macht sich kein niedergang, wie ihn die schwarzseher der möbelbranche prophezeien wollen, bemerkbar. »England ist der ruin des kunstgewerbes.« Sie sagen kunstgewerbe und meinen das akanthusornament. Dann ists wohl wahr. Aber unsere zeit legt mehr gewicht auf richtige form, auf solides material, auf exakte durchführung. Das ist kunstgewerbe!

In der ausstellung zeigen sich die gold- und silberschmiede noch durchaus nicht von jenem einfluss frei, der vom stubenring ausgeht; es fehlt an mut der überzeugung. Die schaufenster der kärntnerstraße, des grabens und des kohlmarktes geben uns ein besseres bild vom wiener geschmacke als der silberhof, dessen ausstellung man die furcht anmerkt, »oben« und unter den anderen kunstgewerblern nicht für voll zu gelten, wenn man nicht »stilvolle« sachen bringt. Aber immerhin sieht man noch genügend proben von echtem handwerklichen können, von eigener werkstatterfindung, von einer kunst, die wohl einfach ist, aber den vorzug hat, in der werkstatt ihren ursprung zu haben und nicht von außen in diese hineingetragen worden zu sein.

Die lederarbeiter haben es besser. Die sind noch nicht so stark in die abhängigkeit von der kunstgewerbeschule geraten. Ihre internationale anerkennung verdanken sie dem glücklichen umstande, dass der staat es unterlassen hat, eine diesbezügliche fachschule ins leben zu rufen. Die hätte uns noch gefehlt. Der berühmte architekt an der spitze, und dann ade, du alte, tüchtige handwerkstradition! Der reißbrettdilettantismus hätte auch hier von allen formen besitz genommen, wie in den anderen unglücklichen gewerben, die in schulen zugrunde gerichtet wurden. Die ältesten reiseutensilien wären aus alten handschriften und denkmälern rekonstruiert worden, und die österreichische lederindustrie hätte sich mit gotischen koffern, renaissance-hutschachteln und griechischen zigarettentaschen lächerlich machen können. Allerdings erst auf der ausstellung in Chicago, weil es zu einem export dann ja niemals gekommen wäre.

DIE HERRENMODE

(22. mai 1898)

Gut gekleidet sein — wer möchte das nicht? Unser jahrhundert hat mit den kleiderordnungen aufgeräumt, und jedem steht nun das recht zu, sich wie der könig anzuziehen. Als gradmesser für die kultur eines staates kann der umstand gelten, wie viele seiner einwohner von dieser freiheitlichen errungenschaft gebrauch machen. In England und Amerika alle, in den Balkanländern nur die oberen zehntausend. Und in Österreich? Ich wage diese frage nicht zu beantworten.

Ein amerikanischer philosoph sagt irgendwo: Ein junger mann ist reich, wenn er verstand im kopf und einen guten anzug im kasten hat. Dieser philosoph kennt sich aus. Der kennt seine leute. Was nützte aller verstand, wenn man ihn nicht durch gute kleider zur geltung zu bringen vermöchte? Denn die engländer und die amerikaner verlangen von jedem, dass er gut gekleidet ist. Die deutschen aber tun noch ein übriges. Sie wollen auch schön gekleidet sein. Tragen die engländer weite hosen, so weisen sie ihnen sofort nach — ich weiß nicht, ob mit hilfe des alten Vischer oder des goldenen schnittes —, dass dies unästhetilsch sei und nur die enge hose anspruch auf schönheit machen könne. Polternd, schimpfend und fluchend lassen sie trotzdem ihre hose von jahr zu jahr breiter werden. Die mode ist eben eine tyrannin, klagen sie. Doch was geschieht? Ist eine umwertung der werte vorgenommen worden? Die engländer tragen wieder enge beinkleider, und nun wird genau mit denselben mitteln der beweis für die schönheit der mit einem male breiten hose geführt. Werde einer klug daraus!

Die engländer aber lachen über die schönheitsdurstigen deutschen. Die Venus von Medici, das Pantheon, ein bild von Botticelli, ein lied von Burns, ja, das ist schön! Aber eine hose!? Oder ob das jaquett drei oder vier knöpfe besitzt!? Oder ob die weste hoch oder tief ausgeschnitten ist!? Ich weiß nicht, mir wird immer angst und bang, wenn ich über die schönheit solcher sachen diskutieren höre. Ich werde nervös, wenn ich schadenfroh im hinblicke auf ein kleidungsstück gefragt werde: »Ist das vielleicht schön?«

Die deutschen aus der besten gesellschaft halten es mit den engländern. Sie sind zufrieden, wenn sie gut angezogen sind. Auf schönheit wird verzichtet. Der große dichter, der große maler, der große architekt kleiden sich wie die engländer. Der dichterling, der malermeister und der künstlerarchitekt aber machen aus ihren körpern altäre, auf denen der schönheit in form von samtkrägen, ästhetischen hosenstoffen und secessionistischen krawatten geopfert werden soll.

Gut angezogen sein, was heißt das? Es heißt: korrekt angezogen sein.

Korrekt angezogen sein! Mir ist, als hätte ich mit diesen worten das geheimnis gelüftet, mit dem unsere kleidermode bisher umgeben war. Mit worten wie schön, schick, elegant, fesch und forsch wollte man der mode beikommen. Darum handelt es sich aber gar nicht. Es handelt sic:h darum, so angezogen zu sein, dass man am wenigsten auffällt. Ein roter frack fällt im ballsaale auf. Folglich ist der rote frack im ballsaale unmodern. Ein zylinder fällt auf dem eise auf. Folglich ist er auf dem eise unmodern. Alles auffallen gilt in der guten gesellschaft für unfein.

Dieser grundsatz ist aber nicht überall durchführbar. Mit einem rocke, der im Hydepark unbeachtet bleiben würde, kann man in Peking, in Sansibar und auf dem stephansplatz sehr wohl auffallen. Er ist eben europäisch. Man kann doch nicht verlangen, dass sich derjenige, der auf der höhe der kultur steht, in Peking chinesisch, in Sansibar ostafrikanisch und auf dem stephansplatz wienerisch anzieht! Der satz erhält daher eine einschränkung. Um korrekt gekleidet zu sein, darf man im mittelpunkte der kultur nicht auffallen.

Der mittelpunkt der abendländischen kultur ist gegenwärtig London. Nun könnte es einem wohl dort passieren, dass man bei einem spaziergang in gegenden gerät, in denen man sehr von seiner umgebung abstäche. Man müsste von straße zu straße den rock wechseln. Das geht nicht an. Wir können also unseren lehrsatz vollständig formulieren. Dieser lautet: Ein kleidungsstück ist modern, wenn man in demselben im kulturzentrum bei einer bestimmten gelegenheit in der besten gesellschaft möglichst wenig auffällt. Dieser englische grundsatz, der jedem vornehm denkenden zusagen dürfte, begegnet aber in den deutschen mittel- und niederkreisen lebhaftem widerspruch. Kein volk hat so viele gigerln wie die deutschen. Ein gigerl ist ein mensch, dem die kleidung nur dazu dient, sich von seiner umgebung abzuheben. Bald wird die ethik, bald die hygiene, bald die ästhetik herangezogen, dieses hanswurstartige gebaren erklären zu helfen. Vom meister Diefenbach bis zum professor Jäger, von den »modernen« dichterlingen bis zum wiener hausherrnsohn reicht ein band, das alle geistig miteinander verbindet. Und trotzdem vertragen sie sich nicht miteinander. Kein gigerl gibt zu, eines zu sein. Ein gigerl macht sich über das andere lustig, und unter dem vorwande, das gigerltum auszurotten, begeht man immer neue gigerleien. Das moderne gigerl oder das gigerl schlechtweg ist nur eine spezies aus einer weit verzweigten familie.

Dieses gigerl haben die deutschen im verdacht, dass es die herrenmode angibt. Das ist aber eine ehre, die diesem harmlosen geschöpf nicht zukommt. Aus dem gesagten geht schon hervor, dass sich das gigerl nicht einmal modern kleidet. Damit wäre ihm auch nicht gedient. Das gigerl trägt immer das, was seine umgebung für modern hält.

Ja, ist denn das nicht mit dem modernen identisch? Keineswegs. Daher sind auch die gigerln einer jeden stadt verschieden. Was in A imponiert, hat in B schon seinen reiz verloren. Wer in Berlin noch bewundert wird, läuft gefahr, in Wien ausgelacht zu werden. Die vornehmen kreise aber werden stets jenen änderungen der mode den vorzug geben, die den mittelklassen am wenigsten zum bewusstsein kommen. Durch kleiderordnungen sind sie nicht mehr geschützt, und es ist ihnen nicht angenehm, gleich am nächsten tag von jedermann kopiert zu werden. Da müsste man sich sofort nach ersatz umsehen. Um dieser ewigen jagd nach neuen stoffen und schnitten enthoben zu sein, wird nur zu den diskretesten mitteln gegriffen. Jahrelang wird die neue form wie ein offenes geheimnis der großen schneider sorgsam gehütet, bis sie endlich durch ein modejournal ausgeplaudert wird. Dann dauerts noch ein paar jahre, bis selbst der letzte mann im lande davon kenntnis erhält. Und nun kommen erst die gigerln an die reihe und bemächtigen sich der sache. Aber durch die lange wanderschaft hat sich die ursprüngliche form gar sehr geändert, sie hat sich auch der geographischen lage untergeordnet.

Man kann die großen schneider der ganzen welt, die jemanden nach den vornehmsten prinzipien anzuziehen imstande sind, an den fingern abzählen. Es gibt manche millionenstadt der alten welt, die eine solche firma nicht aufweisen kann. Selbst in Berlin war keiner zu finden, bis ein wiener meister, E. Ebenstein, eine filiale daselbst errichtete. Vorher war der berliner hof gezwungen, sich einen guten teil seiner garderobe bei Poole in London anfertigen zu lassen. Dass wir überhaupt gleich eine ganze anzahl jener wenigen firmen in Wien besitzen, haben wir nur dem glücklichen umstande zu verdanken, dass unser hochadel ständiger gast im drawing room der königin ist, viel in England arbeiten ließ und auf diese weise jenen vornehmen ton in der kleidung nach Wien verpflanzte und die wiener schneiderei auf einen beneidenswerten höhepunkt brachte. Man kann wohl sagen, dass auf dem kontinent die oberen zehntausend in Wien am besten gekleidet sind, denn auch die anderen schneider wurden durch diese großen firmen auf ein höheres niveau gehoben.

Die großen firmen und ihre nächsten nachfolger haben alle ein gemeinsames merkmal: die furcht vor der öffentlichkeit.

Man beschränkt sich womöglich auf einen kleinen kundenkreis. Wohl sind sie nicht so exklusiv wie manche londoner häuser, die sich einem nur auf eine empfehlung des prinzen von Wales öffnen. Aber jeder prunk nach außen ist ihnen fremd. Es hat die ausstellungsleitung viel mühe gekostet, einige der besten in Wien zum ausstellen ihrer erzeugnisse zu bewegen. Man muss anerkennen, dass sie sich dann sehr geschickt aus der schlinge gezogen haben. Sie stellen eben nur solche objekte aus, die sich einer nachahmung entziehen. Am geschicktesten war Ebenstein. Er bringt eine demidress (hier fälschlich smoking genannt) für die tropen (!), eine hunting vest, eine preußische regimentsinhaberdamenuniform und einen coaching coat mit gravierten perlmutterknöpfen, jeder einzelne knopf ein wahres kunstwerk. A. Keller bringt neben vorzüglichen uniformen einen frack coat mit den obligaten grauen beinkleidern, mit dem man beruhigt nach England reisen könnte. Gut gemacht scheint auch das norfolkjaquett zu sein. Uzel & sohn zeigen die spezialität ihrer werkstatt: hof- und staatsuniformen. Sie müssen wohl gut sein, sonst könnte die firma ihren alten rang auf diesem gebiete nicht so lange behaupten. Franz Bubacek hat sportkleider des kaisers zur ausstellung gebracht. Der schnitt des norfolkjaquetts ist neu und korrekt. Herr Bubacek beweist durch dessen ausstellung viel mut, er fürchtet die nachahmung nicht. Dasselbe kann man auch von Goldman & Salatsch behaupten, die ihre spezialität, die uniformen des yachtgeschwaders, zeigen.

Mit dem unbedingten lobe wäre ich aber hier zu ende. Die kollektivausstellung der genossenschaft der kleidermacher Wiens verdient es nicht. Bei kundenarbeit muss man manchmal beide augen zudrücken, da der kunde durch das betonen seiner eigenen wünsche oft für manche geschmacklosigkeit verantwortlich ist. Hier aber hätten die gewerbsleute zeigen können, dass sie über ihrer kundschaft stehen, dass sie wohl den kampf mit den großen firmen aufnehmen könnten, wenn man sie frei schalten und walten ließe. Die meisten haben diese gelegenheit versäumt. Schon in der wahl der stoffe zeigen sie ihre unkenntnis. Aus dem covercoat-stoff machen sie paletots, aus paletot-stoffen covercoats. Aus norfolkstoff sakkoanzüge, aus glattem tuch gehröcke.

Mit dem schnitt ist es nicht besser bestellt. Wenige sind von dem standpunkt ausgegangen, vornehm arbeiten zu wollen, die meisten wenden sich an die gigerln. Die können da in zweireihigen westen, karierten anzügen mit samtkrägen schwelgen! Eine firma leistet sich sogar auf einem jaquett blaue samtärmelaufschläge! Ja, wenn das nicht modern wird . . .

Ich nenne hier einige, die sich von diesem hexen-sabbath ein wenig ferngehalten haben. Anton Adam arbeitet gut, schneidet aber seine westen zu tief aus, Alexander Deutsch zeigt einen guten winterpaletot, Joseph Hummel einen guten ulster, P. Kroupa schadet leider seinem sonst korrekten gehrock durch eine borte. Gern hätte ich noch eine firma genannt, die ihre erzeugnisse offen ausgestellt hatte. Als ich aber an dem norfolkjaquett versuchte, die falte zu lüften, die angebracht ist, um dem arm durch vermehrten stoff bewegungsfreiheit zu gönnen, war es mir unmöglich. Sie war falsch.

DER NEUE STIL UND DIE BRONZE-INDUSTRIE

(29. mai 1898)

Es tut mir leid, nicht immer loben zu können. Ich bin genötigt, hie und da ein wort des tadels zu sagen. Aus den vielen zuschriften, die ich erhalte, ersehe ich, dass man mir das verübelt. Das wiener gewerbe ist es freilich nicht gewöhnt, ernsthaft kritisiert zu werden. Sehr zu seinem schaden. Die vielen hurra-artikel, mit denen so oft die ausstellungen begrüßt werden, haben wie treibhauswärme erschlaffend auf das handwerk gewirkt, und von einem leisen luftzug fürchtet man schon, dass das verwöhnte schoßkind einen schnupfen davontragen könnte. Wenn ich davon überzeugt wäre, würde ich das blasen sein lassen. Ich glaube aber, dass das kind von gesunden eltern ist und dass es das bisschen zug sehr wohl vertragen kann. Auch wird er ihm zur abhärtung sehr dienlich sein.

Viele meiner gedanken werden befremden erregen. Ich betrachte eben die ausstellung nicht vom wienerischen, sondern vom ausländischen standpunkte. Mit absicht. Denn ich schreibe ausdrücklich im hinblicke auf die pariser ausstellung. Ich will die wiener gewerbetreibenden auf jene produkte aufmerksam machen, die bei ihnen so selbstverständlich sind, dass sie es gar nicht für der mühe wert halten, sie auszustellen, die aber in der ganzen welt für unübertrefflich gelten. Zugleich sollen aber die wiener davor gewarnt werden, jene erzeugnisse, die im auslande besser gemacht werden, in Paris zu exponieren.

Ja, wissen denn die gewerbetreibenden nicht selbst, was sie am besten machen? O nein. Gerade so wenig, wie es der dichter, der maler, der künstler überhaupt, weiß, ja wissen kann. Stets wird ein solcher jenem kinde seiner muse den größten wert beilegen, bei dem er sich am meisten geplagt hat. Was aber seiner natur, seiner anlage am meisten entspricht, das, was er mühelos gegeben hat, was am stärksten den stempel seiner individualität trägt, sein ureigenstes, das wird ihm nie als besonders hervorragend erscheinen. Nur die übereinstimmende ansicht des publikums kann ihm das richtige urteil über seine leistungen vermitteln. Aber der wiener hat das urteil von London, von Paris und New York so selten gehört. Und da scheint mir zum hören der richtige augenblick gekommen zu sein, jetzt, da er daran geht, am ende des jahrhunderts, sich diesem urteil auszusetzen. In Paris sollten wir den leuten zeigen, was wir können, und nicht, was wir nicht können, aber gern können möchten. Solche sachen auszustellen, würde uns wenig nützen. Lieber weniger kunstreiche objekte, aber solche, die man nicht, und mag es auch nur um eine nuance sein, in einer anderen abteilung besser sehen kann.

In Paris wird wohl die brennendste frage gelöst werden, die gegenwärtig unser kunstgewerbe beunruhigt: die alten stile oder der moderne stil? Die anderen kulturländer haben in dieser sache längst entschieden stellung genommen und werden darum auch in Paris durch ihr entschlossenes, festes auftreten imponieren. Selbst das deutsche reich, das mit posaunenschall in Chicago einzog, und dann, als es merkte, dass diese grandezza nicht wohl angebracht sei, sich bescheiden zurückzog, um bei den amerikanern in die schule zu gehen, selbst das deutsche reich also, das so lange rückständig war, hat sich mit ungestüm den übrigen kulturvölkern angeschlossen. Nur wir sind noch zurückgeblieben, so zurückgeblieben, dass unsere gewerbetreibenden die rettende hand, die ihnen hofrat von Scala bietet, mit trotz zurückgewiesen und sogar eine eigene zeitung ins leben gerufen haben, welche die neue richtung bekämpfen soll. In Deutschland wurden in den letzten monaten vier zeitschriften zur propagierung der neuen richtung gegründet, und wenn jemand ein gegenblatt herausgeben wollte, würde es mit unbändiger heiterkeit aufgenommen werden. Wir sind nicht dümmer als die im reiche. Im gegenteil! Wir haben sogar etwas, was den meisten abgeht, unseren sieghaften guten wiener geschmack, um den uns mancher beneiden könnte. Schuldtragend sind nur unsere unvernünftigen schulen, die unser kunstgewerbe in seiner natürlichen entwicklung gehemmt haben.

Die lösung jener frage aber lautet: Alles, was frühere jahrhunderte geschaffen haben, kann heute, soferne es noch brauchbar ist, kopiert werden. Neue erscheinungen unserer kultur (eisenbahnwagen, telephone, schreibmaschinen usw.) müssen formal ohne bewussten anklang an einen bereits überwundenen stil gelöst werden. Änderungen an einem alten gegenstande, um ihn den modernen bedürfnissen anzupassen, sind nicht erlaubt. Hier heißt es: Entweder kopieren oder etwas vollständig neues schaffen. Damit will ich aber nicht gesagt haben, dass das neue immer das entgegengesetzte des vorhergehenden ist.

Meines wissens wurde diese forderung noch nie so genau und präzis ausgesprochen, ohwohl man in den fachkreisen des auslandes und in letzter zeit im Österreichischen Museum ähnliches hören kann. Aber gearbeitet hat man nach dieser regel schon seit jahren. Sie ist doch etwas selbstverständliches. Die kopie eines alten bildes ist auch ein kunstwerk. Wer gedenkt nicht der prächtigen kopien alter italienischer meister von Lenbach in der Schack-galerie zu München. Aber der wahren kunst unwürdig sind die bewussten versuche, neue gedanken im stile eines alten meisters zu fassen. Sie mussten daher immer fehlschlagen. Gewiss kann ein moderner künstler durch das fortgesetzte studium einer bestimmten schule, durch eine vorliebe und verehrung für eine bestimmte zeit oder einen bestimmten meister deren art sich so zu eigen machen, dass seine geistesprodukte stark den stempel seiner meister tragen. Ich erinnere nur an den altmeisterlichen ton Lenbachs, an die quattrocento-gestalten der engländer. Nie aber kann der wahre künstler einmal à la Botticelli, das nächstemal à la Tizian und ein andermal à la Raphael Mengs malen.

Wie würde man von einem literaten denken, der heute ein werk im stile Äschylos', morgen ein gedicht im stile Gerhart Hauptmanns und übermorgen einen schwank im stile Hans Sachs' dichten würde und noch den traurigen mut besäße, seine impotenz durch das eingeständnis seiner vorbilder zu offenbaren. Und nun denken wir uns eine staatliche dichterschule, in der die künstlerische jugend im zwange einer solchen nachahmungsdoktrin entmannt werden soll, in der das literarische heldentum zum prinzip erhoben wird. Die ganze welt würde die opfer einer solchen methode bedauern. Aber eine solche schule existiert, allerdings nicht für die literatur, sondern für das kunstgewerbe.

An einem gegenstande, den wir kopieren wollen, dürften wir auch nichts ändern. Da wir aber für unsere eigene zeit keine hochachtung empfinden, so fehlt sie uns auch für eine vorhergegangene. Stets haben wir an den werken der alten etwas auszusetzen. Wir geben uns der glücklichen täuschung hin, etwas daran besser machen zu können. So haben wir ja auch die deutsche renaissance durch die »schönen« verhältnisse totgehetzt. Geändert muss werden, »verschönern« nennt man das! Aber schon nach jahren sehen wir, dass diese vermeintlichen verschönerungen keine verbesserungen waren, dass das alte vorbild, oder eine genaue kopie davon, in alter ursprünglichkeit glänzen, während uns ein abklatsch mit zahlreichen »verschönerungen« unausstehlich geworden ist. Das muss doch dem gewerbetreibenden eine heilsame lehre sein? Beileibe nicht! Er schließt daraus nur, dass die verschönerungen nicht radikal genug gewesen seien. Denn gefallen will ihm das alte werk noch lange nicht. Jetzt weiß er wieder neue verbesserungen. Und nach jahren fängt das spiel wieder von vorne an und hätte so fort bis in unsere gegenwart gedauert, wenn nicht der neue leiter unseres Österreichischen Museums dieser mehr komischen als tragischen sisyphusarbeit ein ende bereitet hätte. Werke in einem anderen stil als in dem gegenwärtigen des stubenrings, die zur ausstellung gelangen wollen, müssen von jetzt an genaue kopien sein. Wie steht es nun, nach diesen gesichtspunkten, mit unserer bronzeindustrie? Sehr verschieden. Jene sachen, die sich der kompetenz der schulen entzogen haben, sind natürlich wieder die besten. Vielleicht wurden sie aber gerade deswegen nicht ausgestellt. Ich meine jene reizenden bronzenippes in den natürlichen farben, eine wiener spezialität, die das entzücken eines jeden grabenflaneurs ist. Unter japanischer beeinflussung ist da etwas echt wienerisches entstanden, das uns mit berechtigtem stolze erfüllen kann. Wohl fragte ich danach, doch wurde mir überall die antwort zuteil, dass man für diese »gewöhnlichen« sachen keinen raum habe. Mit großer genugtuung wies man aber auf die kunstwerke hin, die man sich eigens für die ausstellung von den berühmtesten architekten und professoren hatte zeichnen lassen. Alle stile wurden von diesen herren misshandelt.

Bei den gebrauchsgegenständen gibt die kunstgewerbeschule den ton an. Welche mühe kostet es doch, in Wien einen richtigen kohlenkasten oder einen ofenvorsetzer zu erhalten! Und wie schwer ist es, für türen oder fenster gute beschläge zu finden! Renaissance-, barock- und rokokoschwielen haben wir nacheinander in den letzten zwei dezennien durch die türgriffe bekommen, schrieb ich schon einmal irgendwo. Gibt es doch in Wien nur eine ordentliche türklinke, die mir erreichbar ist und zu der ich immer wallfahre, sobald ich in ihre nähe komme. Sie befindet sich in dem neuen hause auf dem kohlmarkt und entstammt der künstlerhand professor Königs. Aber nicht hingehen, mein lieber leser; sie würden mich sonst im verdachte haben, dass ich sie foppen wollte. So unauffällig ist diese klinke.

An einem patentierten stock- und schirmhalter der firma Balduin Hellers söhne in der ausstellung ist erwähnenswert, dass er, gott sei dank, kein ornament aufweist. Er ist daher nicht genug zu empfehlen. In einer zeit, in der jede türklinke, jeder bilderrahmen, jedes tintenfass, jede kohlenschaufel, jeder pfropfenzieher hurra schreit, verdient solche bescheidenheit doppelte unterstützung.

Aber die messingbetten, die wir erst vor einigen jahren von England übernommen haben und die uns damals ihrer distinguierten einfachheit wegen so gefielen, hahen sich schon bestens akklimatisiert und schreien ihr hurra mit den türklinken, bilderrahmen, kohlenschaufeln und so weiter um die wette.

INTERIEURS

Ein präludium

(5. juni 1898)

Rechts und links vom silberhof haben die tischler ihre erzeugnisse aufgestellt. Es sind kojen geschaffen worden und in diesen wurden musterzimmer aufgestellt. So geschieht es schon seit jahren bei jeder ausstellung. Dem publikum wird auf diese weise gesagt: So sollst du wohnen!

Das arme publikum! Selbst darf es sich seine wohnung nicht einrichten. Da käme ein schönes durcheinander heraus. Das versteht es ja gar nicht. Die »stilvolle« wohnung, diese errungenschaft unseres jahrhunderts, verlangt ein außerordentliches wissen und können.

Das war nicht immer so. Noch bis zu anfang unseres jahrhunderts kannte man diese sorge nicht. Vom tischler kaufte man die möbel, vom tapezierer die tapeten, vom bronzegießer die beleuchtungskörper und so fort. Das stimmte aber doch nicht zusammen? Mag sein. Aber von solchen erwägungen ließ man sich auch gar nicht leiten. Damals richtete man sich so ein, wie man sich heute anzieht. Vom schuster nehmen wir die schuhe, vom schneider rock, hose und weste, vom hemdenfabrikanten kragen und manschetten, vom hutmacher den hut, vom drechsler den stock. Keiner kennt den andern, und doch stimmen alle sachen zusammen. Warum? Weil alle im stile des jahres 1898 arbeiten. Und so arbeiteten auch die handwerker der wohnungsindustrie in früheren zeiten alle in einem stile, in dem jeweilig herrschenden, im modernen.

Da geschah es auf einmal, dass der moderne stil in misskredit kam. Es würde zu weit führen, hier zu erörtern. warum. Es genügt wohl, zu sagen, dass man mit seiner zeit unzufrieden wurde. Modern zu sein, modern zu fühlen und zu denken, galt als oberflächlich. Der tiefe mensch versenkte sich in eine andere zeitperiode und wurde entweder als grieche oder als mittelalterlicher symbolist oder als renaissancemensch glücklich.

Für den ehrlichen handwerker aber war dieser schwindel zu viel. Da konnte er nicht mit. Er verstand wohl, wie man seine kleider im schrank verwahren sollte, er verstand wohl, wie sich seine nebenmenschen ausruhen wollten. Nun sollte er aber für seine kundschaft, je nach ihrem geistigen glaubensbekenntnisse, griechische, romanische, gotische, maurische, italienische, deutsche, barocke und klassizistische schränke und sessel bauen. Und noch mehr: Ein zimmer sollte in diesem stile, das nächste im andern eingerichtet werden. Wie gesagt, er konnte absolut nicht mit.

Da wurde er denn unter kuratel gesetzt. Darunter befindet er sich heute noch. Zuerst warf sich der studierte archäologe als sein vormund auf. Nicht lange aber. Der tapezierer, dem man nicht viel anzuhaben vermochte, da er in früheren jahrhunderten am allerwenigsten zu tun gehabt hatte und daher nicht gut verhalten werden konnte, alte muster nachzuahmen, hatte seinen vorteil bald heraus und warf eine unzahl neuer formen auf den markt. Es waren möbel, die so vollständig gepolstert waren, dass man das holzwerk des tischlers nicht mehr erkennen konnte. Man jubelte den sachen zu. Das publikum hatte die archäologie nachgerade satt und war froh, möbel in sein heim zu bekommen, die seiner zeit anzugehören, die modern zu sein schienen. Der tapezierer, der brave mann, der in früheren zeiten fleißig die heftnadel geführt und matratzen gestopft hatte, ließ sich nun die haare wachsen, zog ein samtjaquett an, band sich eine flatternde krawatte um und wurde zum künstler. Auf seinem firmenschilde löschte er das wort »polsterer« aus und schrieb dafür »dekorateur«. Das klang.

Und nun begann die herrschaft des tapezierers, eine schreckensherrschaft, die uns jetzt noch in allen gliedern liegt. Samt und seide, seide und samt und Makartbouquets und staub und mangel an luft und licht, und portièren und teppiche und arrangements — gott sei dank, dass es nun damit vorbei ist.

Die tischler aber bekamen einen neuen vormund. Das war der architekt. Der wußte gut mit der fachliteratur umzugehen und konnte daher mit leichtigkeit alle in sein fach einschlagenden aufträge in allen stilarten ausführen. Wollt ihr ein barockes schlafzimmer? Er macht euch ein barockes schlafzimmer. Wollt ihr einen chinesischen spucknapf? Er macht euch einen chinesischen spucknapf. Er kann alles, alles in allen stilarten. Er kann jeden gebrauchsgegenstand aller zeiten und völker entwerfen. Die lösung des geheimnisses seiner geradezu unheimlichen produktivität besteht in einem stück pauspapier, mit dem er sieh, nach erhaltenem auftrag, sofern er nicht selbst dem buchhändler eine größere hausbibliothek schuldig ist, in die bücherei der kunstgewerbeschule begibt. Nachmittags sitzt er schon fest am reißbrett und liniert das barocke schlafzimmer oder den chinesischen spucknapf herunter.

Aber einen mangel hatten die zimmer der architekten. Sie waren nicht gemütlich genug. Sie waren kahl und kalt. Gab es früher nur stoffe, so gab es jetzt nur profile, säulen und gesimse. Da wurde denn wieder der tapezierer herbeigeholt, der die gemütlichkeit per meter an türen und fenstern aufhing. Aber wehe, wie sah der raum aus, wenn die stores und die portieren zum reinigen herabgenommen werden mussten. Dann konnte es kein mensch in dem öden zimmer aushalten, und die hausfrau schämte sich bis in den tiefsten grund ihrer seele hinein, wenn sich zu der zeit, in der die gemütlichkeit und traulichkeit des raumes ausgeklopft wurde, ein besuch einfand. Das war umso seltsamer, als doch die renaissance, der diese zimmer größtenteils nachgebildet waren, diesen behelf überhaupt nicht kannte. Und doch war die gemütlichkeit der räume der renaissance sprichwörtlich geworden.

Bei uns herrscht gegenwärtig noch der architekt, aber wir sehen, wie sich der maler und der bildhauer anschicken, sein erbe anzutreten. Werden die es besser machen? Ich glaube nicht. Der tischler verträgt keinen vormund, und es wäre die höchste zeit, wenn man die vollständig ungerechtfertigt verhängte kuratel aufheben würde. Allerdings dürfte man dann nichts unmögliches von ihm verlangen. Unser tischler kann deutsch, deutsch wie es in Wien im jahre 1898 gesprochen wird. Scheltet ihn nicht dumm oder unbeholfen, wenn er nicht zu gleicher zeit mittelhochdeutsch, französisch, russisch, chinesisch und griechisch spricht. Das kann er freilich nicht. Aber auch in seiner eigenen sprache ist er ein wenig aus der übung gekommen, nachdem er nun ein halbes jahrhundert dazu verhalten worden ist, alle idiome nachzuplappern, die ihm vordiktiert wurden. Verlangt daher von ihm nicht gleich eine virtuose behandlung seiner sprache. Lasst ihm zeit, sich diese wieder langsam anzueignen. Ich weiß wohl, dass man mit solchen worten weder dem tischler noch dem publikum helfen kann. Der tischler ist durch die jahrzehntelange bevormundung so verschüchtert, dass er sich nicht traut, mit seinen ideen hervorzukommen. Und so verschüchtert ist auch das publikum. Hofrat von Scala, der direktor des Österreichischen Museums, hat aber praktisch helfend eingegriffen. Er zeigte an englischen möbeln, die er kopieren ließ, dass das publikum auch vom tischler empfundene, vom tischler erdachte und vom tischler gemachte möbel kaufe. Diese möbel hatten kein profil und keine säulen und wirkten nur durch ihre bequemlichkeit, durch ihr solides material und durch ihre genaue arbeit. Das waren wiener zigarettentaschen, ins tischlerische übersetzt. Gar mancher meister wird sich damals gedacht haben: So einen stuhl, den könnte ich eigentlich auch machen, zu dem brauche ich keinen architekten. Noch einige solche weihnachtsausstellungen, und wir haben eine andere tischlergeneration. Das publikum aber ist schon da und wartet der dinge, die da kommen sollen.

Ja, das publikum wartet. Das beweisen mir die vielen briefe, die ich bekomme. mit bitten, handwerker zu nennen, die modern arbeiten können. »Bitte um gütige mitteilung von adressen einiger möbelfabriken, welche den von hofrat von Scala vorgezeichneten weg des fortschrittes eingeschlagen haben. Ich beabsichtige, einen salon zu möblieren, doch wo ich anklopfe, empfiehlt man mir Louis XV, Louis XVI, empire und so weiter, immer wieder.« So wird mir aus der provinz geklagt. Das gibt zu denken.

Im saale des gewerbevereines klagten sich die wiener kunstgewerbetreibenden jüngst ihre not. Hofrat von Scala sei an allem schuld. »Sehen sie, herr architekt,« sagte mir ein kunstgewerbetreibender nach der versammlung, »sehen sie, uns geht es jetzt recht schlecht. Unsere guten zeiten sind vorbei. Vor zwanzig jahren, ja, da konnte man ein lusterweibchen für hundert gulden verkaufen. Und wissen sie, wie viel ich heute für dasselbe lusterweibchen bekomme?« Er nannte eine wirklich kleine summe. Der mann dauert mich. Er schien von dem wahne erfasst zu sein, dass er sein ganzes leben lang lusterweibchen machen müsse. Wenn man ihn nur davon abbringen könnte. Denn die leute wollen keine lusterweibchen. Sie wollen neues, neues, neues. Und das ist ein wahres glück für unsere gewerbetreibenden. Im geschmacke des publikums ist ein steter wechsel. Die modernen erzeugnisse werden die höchsten preise, die unmodernsten die niedrigsten erzielen. Also, wiener kunstgewerbler, ihr habt die wahl. Diejenigen unter euch aber, die, weil sie ein volles lager unmoderner möbel haben, der modernen bewegung mit angst entgegensehen, haben nicht das recht, sich dieser bewegung entgegenzustemmen. Am allerwenigsten dürfen sie an den leiter eines staatlichen institutes, das, wie das Österreichische Museum, die interessen aller gewerbetreibenden zu wahren hat, mit der aufforderung herantreten, eine richtung einzuschlagen, die den verkauf ihres möbelmagazins erleichtern würde. Auf solche transaktionen kann sich ein staatsbeamter nicht einlassen. Heute will ich nur über den rahmen sprechen, den die wiener tischler in der rotunde für ihre erzeugnisse gewählt haben. Die tischlergenossenschaft einen sehr mittelmäßigen, die kunstgewerbeabteilung des niederösterreichischen gewerbevereines einen vorzüglichen. Man werfe mir nicht ein, dass dieser mehr geld gekostet habe als jener. Der architekt dieser abteilung hätte es nie fertiggebracht, in stein gravierte römische majuskeln auf bretter zu bringen, welcher schöne effekt noch dazu durch die kunst des anstreichers hervorgebracht wird. Also imitation zur zweiten potenz! Und die wiener sind leider schon glücklich so weit, nicht einmal das einfache talmi gelten zu lassen. Architekt Plečnik aber, dem der wiener gewerbeverein gelegenheit geboten hat, sein außerordentliches können zu zeigen, wofür dem verein der dank aller modern denkenden gebührt, hat sich seiner aufgabe in ungewohnter weise entledigt. Ein hauch der vornehmheit geht durch diese exposition, der leider nicht auf die rechnung aller ausgestellten gegenstände zu setzen ist; dazu sind diese zu ungleichwertig. Die einzelnen kojen sind mit dunkelgrünem samt umrahmt, auf dem ein aus pappe ausgeschnittenes und mit lichtgrüner seide überzogenes omament angebracht ist, das durch silberne scheiben und durch silberne buchstaben außerordentlich gehoben wird. Darüber spannt sich ein weißes velum mit einem mattvioletten ornament, das die velumdekoration zum erstenmal in Wien befriedigend löst. Reiche posamentriearbeiten bergen die glühlampen. Ein reizender und eigenartiger effekt. Dazu ein roter teppich. Man beobachte nur das publikum, mit welcher andacht es durch diese räume geht. Sogar der fußabstreifer wird eifrig benützt.

DIE INTERIEURS IN DER ROTUNDE

(12. juni 1898)

In meinem letzten berichte habe ich recht ketzerische forderungen aufgestellt. Weder der archäologe, noch der dekorateur, noch der architekt, nooh der maler oder der bildhauer soll uns die wohnung einrichten. Ja, wer soll es denn dann tun? Nun, ganz einfach: Jeder sei sein eigener dekorateur.

Allerdings werden wir dann nicht in »stilvollen« wohnungen wohnen können. Aber dieser »stil«, der stil mit den gänsefüßchen, ist auch gar nicht nötig. Was ist denn dieser stil überhaupt? Er lässt sich schwer definieren. Meiner meinung nach fand jene wackere hausfrau auf die frage, was stilvoll sei, die beste antwort, welche sagte: »Wenn auf dem nachtkastel ein löwenkopf ist, und dieser löwenkopf ist dann auf dem sofa, auf dem schrank, auf den betten, auf den sesseln, auf dem waschtisch, kurz auf allen gegenständen des zimmers gleichfalls angebracht, so nennt man dieses zimmer stilvoll.« Hand aufs herz, meine herren gewerbetreibenden, haben sie nicht redlich dazu beigetragen, eine solche widersinnige meinung ins volk zu bringen? Nicht immer war es ein löwenkopf. Aber eine säule, ein knopf, eine balustrade wurde immer in alle möbel hineingepresst, bald verlängert, bald verkürzt, bald verdickt, bald verdünnt. Solche zimmer tyrannisierten ihren armen besitzer. Wehe dem unglücklichen, der es gewagt hätte, sich etwas hinzuzukaufen ! Denn diese möbel vertrugen absolut nichts anderes in ihrer nähe. Bekam man etwas geschenkt, konnte man es nirgends hinstellen. Und wenn man die wohnung wechselte und im neuen heim nicht genau die selben zimmergrößen vorfand, dann war es auf immer mit der »stilvollen« wohnung vorbei. Dann musste vielleicht gar der altdeutsche dekorationsdivan in den blauen rokokosalon gestellt werden und der barocke schrank in das empiresitzzimmer. Schrecklich!

Wie gut hatten es doch dagegen der dumme bauer oder der arme arbeiter oder die alte jungfer. Die hatten solche sorgen nicht. Die waren nicht stilvoll eingerichtet. Eines kam von da her, das andere von dort. Alles durcheinander. Doch wie lässt sich das erklären: Die maler, denen man doch viel geschmack zutraute, ließen unsere prächtigen wohnungen links liegen und malten immer die interieurs der dummen bauern, der armen arbeiter und der alten jungfern. Wie man nur so etwas schön finden kann? Denn schön ist, so wurde gelehrt, nur die stilvolle wohnung.

Aber die maler hatten recht. Sie, die für alle äußerlichkeiten des lebens, dank ihren geübten und trainierten augen, einen viel schärferen blick haben als andere menschen, haben das hohle, das aufgeblasene, das fremde. das unharmonische unserer stilvollen wohnungen stets erkannt. Die menschen passen nicht zu diesen räumen und die räume nicht zu diesen menschen. Wie sollten sie denn auch? Der architekt, der dekorateur kennt seinen auftraggeber kaum dem namen nach. Und wenn der bewohner diese räume hundertmal käuflich erworben hat, es sind doch nicht seine zimmer. Sie bleiben immer das geistige eigentum dessen, der sie erdacht hat. Auf die maler konnten sie daher nicht wirken, es fehlte ihnen der geistige zusammenhang mit dem bewohner, es fehlte ihnen jenes etwas, das die maler eben im zimmer des bauern, des arbeiters, der alten jungfer fanden: die intimität.

Ich bin, gott sei dank, noch nicht in einer stilvollen wohnung aufgewachsen. Damals kannte man das noch nicht. Jetzt ist es leider auch in meiner familie anders geworden. Aber damals! Hier der tisch, ein ganz verrücktes krauses möbel, ein ausziehtisch mit einer fürchterlichen schlosserarbeit. Aber unser tisch, unser tisch! Wisst ihr, was das heißt? Wisst ihr, welche herrlichen stunden wir da verlebt haben? Wenn die lampe brannte! Wie ich als kleiner bub mich abends nie von ihm trennen konnte, und vater immer das nachtwächterhorn imitierte, so dass ich ganz erschreckt ins kinderzimmer lief! Und hier der schreibtisch! Und der tintenfleck darauf, schwester Hermine hat als ganz kleines baby die tinte darüber ausgegossen. Und hier die bilder der eltern! Welch schreckliche rahmen! Aber es war das hochzeitsgeschenk der arbeiter des vaters. Dieser altmodische sessel! Ein überbleibsel aus dem hausstande der großmutter. Ein gestickter pantoffel, in dem man die uhr aufhängen kann: schwester Irmas kindergartenarbeit. Jedes möbel, jedes ding, jeder gegenstand erzählt eine geschichte, die geschichte der familie. Die wohnung war nie fertig; sie entwickelte sich mit uns und wir entwickelten uns in ihr. Allerdings war kein stil darin. Das heißt: kein fremder, kein alter. Aber einen stil hatte die wohnung, den stil ihrer bewohner, den stil der familie.

Als die zeit immer gebieterischer die forderung nach der stilvollen wohnung erhob – alle bekannten waren schon altdeutsch eingerichtet, und da kann man doch nicht zurückbleiben –, da wurde der ganze »alte plunder« hinausgeworfen. Plunder für jeden anderen, für die familie ein heiligtum. Der rest war – tapezierer. Nun haben wir es aber satt bekommen. Wir wollen wieder die herren in unseren eigenen vier wänden sein. Sind wir geschmacklos, gut, so werden wir uns geschmacklos einrichten. Haben wir geschmack, umso besser. Von unseren zimmern wollen wir uns aber nicht mehr tyrannisieren lassen. Wir kaufen alles zusammen, alles, wie wir es eben nach und nach brauchen können, wie es uns gefällt.

Wie es uns gefällt! Ja, da hätten wir ja doch den stil, nach dem wir so lange gefahndet, den wir immer in die wohnung herein haben wollten. Einen stil, den nicht löwenköpfe, sondern der geschmack oder, meinetwegen, ungeschmack eines menschen, einer familie erzeugt haben. Das gemeinsame band, das alle möbel im raume miteinander verbindet, besteht darin, dass sein besitzer die auswahl getroffen hat. Und selbst wenn dieser, besonders was die farbenauswahl anbelangt, etwas sprunghaft vorgehen sollte, es wäre noch immer kein unglück. So eine mit der familie gewordene wohnung verträgt schon etwas. Wenn man nämlich in ein »stilvolles zimmer« auch nur ein nippesstückchen hineinstellt, das nicht dazugehört, so kann das ganze zimmer »verdorben« sein. Im familienzimmer geht jedes stück sofort im raume vollständig auf. So ein zimmer ist wie eine violine. Die kann man einspielen, jenes einwohnen.

Unberührt von diesen ausführungen bleiben selbstverständlich räume, die nicht zum wohnen benützt werden; bad und toilette werde ich vom installateur, die küche vom betreffenden fachmanne einrichten lassen. Und vollends solche räume, die zum empfange der gäste, zu festlichkeiten, zu außergewöhnlichen gelegenheiten benützt werden. Da rufe man den architekten, den maler, den bildhauer, den dekorateur herbei. Es wird schon jeder denjenigen finden, den er verdient. Denn zwischen dem produzenten und dem konsumenten besteht immerhin ein geistiger kontakt, der freilich für wohnräume nicht ausreichen kann.

So ist es ja immer gewesen. Auch der könig wohnte in einem zimmer, das mit ihm und durch ihn geworden war. Aber seine gäste empfing er in den vom hofarchitekten geschaffenen räumen. Wenn die braven untertanen durch die goldenen räume geführt wurden, dann entrang sich wohl der brust manches untertanen der seufzer: »Ach, hat's der gut! Wenn du doch auch so schön wohnen könntest!« Denn der brave untertan denkt sich den könig nicht anders als im purpurnen hermelinmantel mit dem szepter in der hand und der krone auf dem haupt spazierengehend. Was wunder, dass die braven untertanen sofort, sobald sie zu gelde kamen, sich auch diese vermeintlich königlichen wohnräume anschafften. Ich habe mich genug gewundert, dass ich noch nie jemanden im purpur herumlaufen sah.

Nach und nach entdeckte man aber mit schreck, dass auch ein könig sehr einfach wohnt, und da gab es denn einen plötzlichen rückzug. Einfachheit, auch in den festräumen, war trumpf. In anderen ländern ist man wieder im vormarsche begriffen, während wir uns erst zum rückzuge anschicken. Erspart kann uns der nicht werden, wie unsere gewerbetreibenden — ach, so sehr! — wünschen. Geschmack und lust an der abwechslung sind immer verschwistert. Heute tragen wir enge hosen, morgen weite und übermorgen wieder enge. Das weiß jeder schneider. Ja, wird man sagen, da könnten wir uns doch die periode der weiten hosen ersparen. O nein! Die brauchen wir, damit uns die engen hosen wieder gefallen.

Wir brauchen eine periode der einfachen festräume, um auf die reichen wieder vorbereitet zu werden. Wollen unsere gewerbetreibenden die einfachheit schneller überwinden, so gibt es nur ein mittel: sie zu akzeptieren.

Gegenwärtig fängt sie bei uns erst an. Das kann man wohl am besten dem umstand entnehmen, dass das meist bewunderte zimmer in der Rotunde auch das einfachste ist. Ein schlafzimmer mit bad, für den bestimmt, der es selbst entworfen hat. Ich glaube, dass dies vielleicht den stärksten reiz für die sich stauenden beschauer bildet. Das zimmer übt den ganzen zauber des individuellen und persönlichen aus. Niemand anderer könnte darin wohnen, niemand anderer könnte es so voll und ganz auswohnen, erwohnen, wie der besitzer selber, Otto Wagner.

Hofrat Exner hat das zimmer sofort für die pariser weltausstellung erworben, wo es die bestimmung haben wird, den parisern vorzutäuschen, die wiener schliefen und badeten alle so. Unter uns können wir uns ja eingestehen, dass wir noch nicht so weit sind. Aber dieses zimmer wird eine große umwandlung in unserem wohnungswesen hervorrufen. Denn, wie ich schon früher hervorgehoben habe, es gefällt den leuten. Das Österreichische Museum hat da durch seine weihnachtsausstellung glücklich vorgearbeitet. Man denke nur, die wiener finden jetzt sogar ein messingbett schön. Kein reiches, sondern das einfachste, das man sich denken kann. Und dabei hat der tapezierer nicht einmal den versuch gemacht, die messingstäbe durch stoffe zu verleugnen, wie es bisher immer gang und gäbe war. Messingbetten mussten nämlich immer »gefüttert« werden. Eine glatte, grün gefärbte und polierte wandvertäfelung umgibt das zimmer, in die hie und da wertvolle stiche eingelassen sind. Eine ottomane mit einem eisbärenfell, zwei messingnachtkästchen, zwei schränke und zwei kabinette, ein tisch, zwei fauteuils und einige sessel füllen den raum. Über der wandvertäfelung sind als wandverkleidung naturalistische kirschbaumzweige gestickt. Ebenso ist auch das velum über dem bette dekoriert. Der weißgetünchte plafond trägt im kreise angeordnete, an seidenschnüren hängende glühlampen. Die farbige wirkung, hervorgerufen durch das grüne holz, das gelbe messing, das weiße fell und die roten kirschen ist außerordentlich. Über die sessel des Zimmers zu sprechen, behalte ich mir noch vor. Aber heute schon sei gesagt, dass der teppich unrichtig ist. Die rosenbeete, in denen wir früher umhersteigen mussten, haben wir gründlich abgetan. Ich glaube nicht, dass es angenehmer wirkt, durch den teppich die illusion erweckt zu bekommen, dass man über bloßgelegte baumwurzeln stolpern könnte. Der kirschbaum sendet nämlich seine wurzeln über den ganzen fußboden.

Ein juwel ist das bad. Die gesamte wandverkleidung, der fußbodenbelag, der ottomanenüberzug und die pölster bestehen aus jenem wolligen stoff, aus dem unsere bademäntel verfertigt werden. Er hat ein diskretes violettes muster erhalten, und das weiß, das violett und das silber der vernickelten möbel, der toilettengegenstände und der badewanne geben die farbenstimmung. Die badewanne besteht nämlich aus spiegelglas, das mit nickel montiert ist. Sogar die gläser auf dem waschtisch – facettenschliff – sind nach Wagnerschen zeichnungen ausgeführt. Natürlich auch die reizende toilettegarnitur. Ich bin ein gegner jener richtung, die etwas besonders vorzügliches darin erblickt, dass ein gebäude bis zur kohlenschaufel aus der hand eines architekten hervorgehe. Ich bin der meinung, dass dadurch das gebäude ein sehr langweiliges aussehen erhält. Alles charakteristische geht dabei verloren. Aber vor dem Otto Wagnerschen genius streiche ich die segel. Otto Wagner hat nämlich eine eigenschaft, die ich bisher nur bei einigen wenigen englischen und amerikanischen architekten gefunden habe: er kann aus seiner architektenhaut heraus und in eine beliebige handwerkerhaut hineinschlüpfen. Er macht ein wasserglas – da denkt er wie ein glasbläser, wie ein glasschleifer. Er macht ein messingbett – er denkt, er fühlt wie ein messingarbeiter. Alles übrige, sein ganzes großes architektonisches wissen und können hat er in der alten haut gelassen. Nur eines nimmt er überallhin mit: seine künstlerschaft.

DAS SITZMÖBEL

(19. juni 1898)

Das Otto Wagner-zimmer ist schön, nicht weil, sondern obgleich es von einem architekten herrührt. Dieser architekt ist eben sein eigener dekorateur gewesen. Für jeden anderen ist dieses zimmer unpassend, weil es seiner eigenart nicht entspricht; es ist also für einen anderen unvollkommen, und daher kann von schönheit nicht mehr die rede sein. Das scheint wohl ein widerspruch.

Unter schönheit verstehen wir die höchste vollkommenheit. Vollständig ausgeschlossen ist daher, dass etwas unpraktisches schön sein kann. Die grundbedingung für einen gegenstand, der auf das prädikat »schön« anspruch erheben will, ist, dass er gegen die zweckmäßigkeit nicht verstößt. Der praktische gegenstand allein ist allerdings noch nicht schön. Dazu gehört mehr. Ein kunsttheoretiker des cinquecento hat sich wohl am präzisesten ausgedrückt. Er sagt: »Ein gegenstand, der so vollkommen ist, dass man ihm, ohne ihn zu benachteiligen, weder etwas wegnehmen noch zugeben darf, ist schön. Dann eignet ihm die vollkommenste, die abgeschlossenste harmonie.«

Der schöne mann? Es ist der vollkommenste mann, der mann, der durch seinen körperbau und durch seine geistigen eigenschaften die beste gewähr für gesunde nachkom men und für die erhaltung und ernährung einer familie bieten kann. Die schöne frau? Es ist die vollkommene frau. Ihr obliegt es, die liebe des mannes zu entflammen, die kinder selbst zu stillen, ihnen eine gute erziehung zu geben. Sie hat also die schönsten augen, praktische, scharfe augen und nicht kurzsichtige, blöde, die schönste stirne, das schönste haar, die schönste nase, eine nase, durch die man gut atmen kann. Sie hat den schönsten mund, die schönsten zähne, zähne, mit denen man die speisen am besten zerkleinern kann. Nichts in der natur ist überflüssig. Den höchsten grad des gebrauchswertes, in harmonie zu den übrigen teilen, nennen wir reine schönheit.

Wir sehen also, dass die schönheit eines gebrauchsgegenstandes nur in bezug auf seinen zweck vorhanden ist. Für den gebrauchsgegenstand gibt es keine absolute schönheit. »Seht doch, welch schöner schreibtisch!« — »Schreibtisch? der ist ja hässlich!« — »Es ist aber gar kein schreibtisch, es ist ein billard.« — »So, ein billard, gewiss, es ist ein schönes billard.« / »O, sehen sie doch, welch herrliche zuckerzange!« — »Was, die soll herrlich sein, ich finde diese zuckerzange geradezu fürchterlich!« — »Aber es ist ja eine kohlenschaufel!« — »Ja dann, gewiss, es ist eine herrliche kohlenschaufel!« / »Welch wunderschönes schlafzimmer besitzt herr X (setzen sie den namen des dümmsten menschen ein, den sie kennen)!« — »Was, herr X? Und das finden sie wunderschön?« — »Ich habe mich geirrt, es gehört herrn ober baurat professor Otto Wagner, dem größten architekten seiner zeit.« — »Dann ist es in der tat wunderschön.« Die schönste, malerischeste osteria mit dem echtesten schmutz ist für andere leute als italienische bauern hässlich. Und da haben die anderen leute für sich recht.

So ist es nun auch mit jedem einzelnen gebrauchsgegenstande. Sind zum beispiel die sessel im Wagner-zimmer schön? Für mich nicht, weil ich schlecht darauf sitze. So wird es wohl vielen anderen leuten auch gehen. Es ist aber wohl möglich, dass Otto Wagner sich auf diesen sesseln sehr gut ausruhen kann. Für sein schlafzimmer, also einen raum, im dem er keine gäste empfängt, sind sie daher, vorausgesetzt, dass er bequem darauf sitzt, schön. Geformt sind sie wie die griechischen stühle. Aber im laufe der jahrtausende hat die technik des sitzens, die technik des ausruhens bedeutende veränderungen erfahren. Sie stand nie still. Bei allen völkern und zu allen zeiten ist sie verschieden. Stellungen, die für uns, man denke nur an die der morgenländer, äußerst anstrengend wären, können für andere menschen zum ausruhen dienlich sein.

Gegenwärtig wird von einem sessel nicht nur verlangt, dass man sich auf ihm ausruhen, sondern auch, dass man sich schnell ausruhen kann. Time is money. Das ausruhen muss daher spezialisiert werden. Nach geistiger arbeit wird man sich in einer anderen stellung ausruhen müssen als nach der bewegung im freien. Nach dem turnen anders als nach dem reiten, nach dem radfahren anders als nach dem rudern. Ja, noch mehr. Auch der grad der ermüdung verlangt eine jeweils verschiedene technik des ausruhens. Man wird das ausruhen beschleunigen durch mehrere sitzgelegenheiten, die nacheinander benützt werden, durch mehrere körperlagen und stellungen. Habt ihr noch nie das bedürfnis gehabt, besonders bei großer ermüdung, den einen fuß über die armlehne zu hängen? An sich ist das eine sehr unbequeme stellung, aber manchmal ist sie eine wahre wohltat. In Amerika kann man sich diese wohltat immer verschaffen, weil dort kein mensch das bequeme sitzen, also das schnelle ausruhen, für unfein hält. Dort kann man auch auf einem tisch, der nicht zum essen dient, seine füße ausstrecken. Hierzulande aber findet man in der bequemlichkeit seines nebenmenschen etwas beleidigendes. Gibt es doch noch menschen, deren nerven es beunruhigt, wenn man die füße im eisenbahnkupee auf die gegenüberliegenden sitze streckt oder sich gar hinlegt.

Die engländer und amerikaner, die von einer so kleinlichen denkungsweise frei sind, sind denn auch wahre virtuosen des ausruhens. Im laufe dieses jahrhunderts haben sie mehr sesseltypen erfunden als die ganze welt, alle völker mit eingeschlossen, seit ihrem bestande. Dem grundsatze gemäß, dass jede art der ermüdung einen anderen sessel verlangt, zeigt das englische zimmer nie einen durchgehend gleichen sesseltypus. Alle arten von sitzgelegenheiten sind in ein und demselben zimmer vertreten. Jeder kann sich den ihm gerade am besten passenden sitz aussuchen. Eine ausnahme bilden bloß jene räume, die nur zeitweise und von allen insassen zu demselben zwecke benützt werden: der tanzsaal und das speisezimmer. Der drawing-room aber, unser salon, wird seiner bestimmung gemäß leichte, also leicht transportable sessel aufweisen. Auch sind diese nicht zum ausruhen da, sondern um die sitzgelegenheit bei leichter, anregender konversation zu bieten. Auf kleinen, kapriziösen sesseln plaudert sich's besser als im großvaterstuhl. Daher werden auch solche sessel — man konnte sie im vorjahre bei der Scalaschen weihnachtsausstellung im Österreichischen Museum sehen — von den engländern gebaut. Die wiener, die entweder deren bestimmung nicht kannten oder vielleicht einen patentsessel für alle sitzeventualitäten im auge hatten, nannten diese sessel unpraktisch.

Überhaupt möge man mit dem worte unpraktisch recht vorsichtig umgehen. Ich habe schon früher darauf hingewiesen, dass unter umständen eine unbequeme Stellung bequem sein kann. Die griechen, die von einem sessel verlangten, dass er der krümmung des rückgrates recht großen spielraum gewähre, würden unsere rückenlehnen unbequem finden, da wir unsere schulterblätter gestützt haben wollen. Und was würden sie erst zu dem amerikanischen schaukelstuhl sagen, mit dem nicht einmal wir noch etwas anzufangen wissen! Wir gehen nämlich von dem grundsatze aus, dass man sich auf einem schaukelstuhl auch schaukeln müsse. Ich glaube, dass diese falsche anschauung durch die falsche benennung entstanden ist. In Amerika heißt der stuhl »rocker«. Mit dem worte rocking wird aber auch eine wiegende, wippende bewegung bezeichnet. Der rocker ist im prinzip nichts anderes als ein stuhl mit zwei beinen, bei dem die füße des sitzenden die vorderbeine bilden müssen. Entstanden ist er aus dem bequemen sitz, den man sich verschafft, wenn man den schwerpunkt nach hinten verlegt, so dass die vorderbeine gehoben werden. Die hinterkufen des sitzmöbels verhindern das umkippen des stuhles. Vorderkufen, wie unser schaukelstuhl, hat der amerikanische rocker nicht, da es keinem menschen drüben einfallen würde, sich zu schaukeln. Aus diesem grunde sieht man in vielen amerikanischen zimmern nur rockers, während sie hier noch recht unpopulär sind. Praktisch soll also jeder stuhl sein. Wenn man den leuten nur praktische sessel bauen würde, würde man ihnen die möglichkeit bieten, sich ohne hilfe des dekorateurs vollkommen einzurichten. Vollkommene möbel geben vollkommene zimmer. Unsere tapezierer, architekten, maler, bildhauer, dekorateure und so weiter mögen sich daher, sobald es sich um wohnräume und nicht um prunkräume handelt, darauf beschränken, vollkommene, praktische möbel in den handel zu bringen. Gegenwärtig sind wir in dieser beziehung auf den englischen import angewiesen, und man kann leider unseren tischlern keinen besseren rat geben als den, die englischen typen zu kopieren. Gewiss hätten unsere tischler, wenn man ihnen nicht den kontakt mit dem leben genommen hätte, ganz ohne alle beeinflussung ähnliche sessel erzeugt. Denn zwischen den tischlermöbeln *einer* kulturanschauung und *ein und derselben* zeit gibt es nur so kleine unterschiede, dass sie allein dem genauen kenner auffallen können.

Recht komisch wirkt es, wenn sich an der neige unseres jahrhunderts stimmen bemerkbar machen, die gebieterisch eine emanzipation vom englischen einfluss zugunsten eines österreichischen nationalstiles verlangen. Auf den fahrräderbau angewendet, würde diese forderung beiläufig so lauten: »Gebt das verwerfliche kopieren englischer fabrikate auf und nehmt euch das echt österreichische holzrad des obersteirischen knechtes Peter Zapfel zum muster. Dieses rad passt besser zur alpenlandschaft als die hässlichen englischen räder.«

Die möbel haben von jahrhundert zu jahrhundert immer mehr verwandtschaftliche züge angenommen. Schon am anfang dieses jahrhunderts konnte man die unterschiede zwischen einem wiener sessel und einem londoner chair nur schwer erkennen. Das war zu einer zeit, als man wochenlang in der postkutsche sitzen musste, um von Wien nach London zu kommen. Und nun finden sich sonderbare heilige, die im zeitalter der expresszüge und der telegraphen künstlich eine chinesische mauer um uns errichten wollen. Das aber ist unmöglich. Gleiches essen wird gleiches essbesteck, gleiches arbeiten und gleiches ausruhen den gleichen sessel zur folge haben. Eine versündigung an unserer kultur wäre es, wenn man die forderung an uns stellen würde, unsere speisegewohnheiten aufzugeben und wie der bauer mit der ganzen familie aus einem napf zu essen, bloß weil die art unseres essens aus England stammt. Für das sitzen gilt dasselbe. Unsere gewohnheiten stehen den englischen viel näher als denen des oberösterreichischen bauern.

Unsere tischler wären also zu denselben resultaten gekommen, wenn man sie hätte gewähren lassen, und wenn sich nicht die architekten hineingemischt hätten. Wäre in der annäherung der formen dasselbe tempo eingehalten worden, wie es seit der renaissance und bis in die kongresszeit gegolten hat, dann gäbe es auch in der tischlerei keine länderunterschiede mehr, die ja in den blühenden, architektenfreien gewerben schon lange nicht mehr bestehen: im wagenbau, in der juwelierkunst, in der ledergalanterie. Denn zwischen einem londoner und einem wiener tischlerverstand besteht kein unterschied; zwischen dem londoner tischler freilich und dem wiener architekten liegt eine ganze welt.

GLAS UND TON

(26. juni 1898)

»Man zeige die töpfe, die ein volk hervorbrachte und es lässt sich im allgemeinen sagen, welcher art es war und auf welcher stufe der bildung es sich befand«, sagt Semper in der vorrede zu seiner »keramik«[25]. Nicht nur den töpfen wohnt diese offenbarungskraft inne, möchte man hinzufügen. Jeder gebrauchsgegenstand kann uns von den sitten, dem charakter eines volkes erzählen. Aber die produkte der keramik besitzen diese eigenschaft am sinnfälligsten.

Semper gibt uns gleich ein beispiel. Er bildet das gefäß ab, mit dem in Ägypten, und das, mit dem in Hellas das wasser von den frauen ins haus gebracht wurde. Das erstere ist der nileimer, die situla, ein gefäß, beiläufig jenen kupferkesseln ähnlich, mit dem die venetianer ihr wasser schöpfen. Es gleicht einem oben abgeschnittenen riesenkürbis, hat keinen fuß und einen henkel wie ein feuereimer. Die ganze gestaltung des landes, seine topographie, seine hydrographie kann uns dieser schöpfeimer offenbaren. Wir wissen sofort: das volk, das sich dieses gefäßes bedient, muss in der tiefebene, an den ufern eines trägen flusses leben. Wie sehr unterscheidet sich aber davon das griechische gefäß! Semper sagt über dieses: »... Die hydria, deren bestim-

1 Gottfried Semper: der stil, zweiter band, München 1879, Seite 3.

mung darin besteht, das wasser nicht zu schöpfen, sondern es, wie es vom brunnen fließt, aufzufangen. Daher die trichterform des halses und die kesselform des rumpfes, dessen schwerkraftmittelpunkt hier der mündung möglichst nahe gelegt ist; denn die etruskischen und griechischen frauen trugen ihre hydrien auf ihren häuptern, aufrecht, wenn voll, horizontal, wenn leer. Wer den versuch macht, einen stock auf seiner fingerspitze zu balanzieren, wird dieses kunststück leichter finden, wenn er das schwerste ende des stockes zuoberst nimmt: dieses experiment erklärt die grundform der hellenischen hydria (der rumpf gleicht nämlich einer herzförmigen rübe), die ihre vervollständigung erhält durch zwei horizontale henkel, im niveau des schwerpunktes, zum heben des vollen, und einen dritten, vertikalen, zum tragen und aufhängen des leeren gefäßes, vielleicht auch als handhabe für eine zweite person, welche der wasserträgerin beisteht, das volle gefäß auf den kopf zu heben.«

So Semper. Idealen menschen hat er damit sicherlich einen stich ins herz gegeben. Wie, diese herrlichen griechischen vasen mit ihren vollendeten formen, formen, die nur allein geschaffen scheinen, von dem schönheitsdrange des hellenischen volkes zu erzählen, sie verdanken diese formen der baren nützlichkeit? Der fuß, der rumpf, die henkel, die größe der mündung wurden nur vom gebrauche diktiert? Ja, dann sind ja diese vasen am ende gar praktisch! Und wir haben sie immer für schön gehalten! Wie einem das nur passieren konnte! Denn, so wurde uns stets gelehrt: das praktische schließt die schönheit aus.

In meinem letzten artikel habe ich das gegenteil zu behaupten gewagt, und da mir so viele zuschriften zugekommen sind, die mir bewiesen, dass ich im unrecht bin, muss ich mich schon hinter die alten hellenen verschanzen. Ich will ja nicht in abrede stellen, dass unsere kunstgewerbetreibenden auf einer höhe stehen, die jeden vergleich mit einem anderen volke oder einer anderen zeit vollständig ausschließt. Aber ich möchte zu bedenken geben, dass sich die alten griechen doch auch ein wenig auf die schönheit verstanden. Und die arbeiteten also nur praktisch, ohne im geringsten an schönheit zu denken, ohne einem ästhetischen bedürfnisse nachkommen zu wollen. Wenn dann ein gegenstand so praktisch war, dass er nicht mehr praktischer gemacht werden konnte, dann nannten sie ihn schön. So taten auch die kommenden völker, und auch wir sagen: diese vasen sind schön.

Gibt es heute noch menschen, die so wie die griechen arbeiten? Oh ja! Es sind die engländer als volk, die ingenieure als stand. Die engländer, die ingenieure sind unsere hellenen. Von ihnen erhalten wir unsere kultur. Sie sind die vollendeten menschen des neunzehnten jahrhunderts ...

Die griechischen vasen sind schön, so schön wie eine maschine, so schön wie ein bicycle. Unsere keramik kann sich mit den erzeugnissen des maschinenbaues in dieser beziehung nicht messen. Natürlich nicht vom wiener standpunkte aus gesehen, sondern vom griechischen. Am anfange des jahrhunderts war unsere keramik ganz im klassischen fahrwasser. Auch hier griff der architekt »rettend« ein.

Ich war einmal in einer operette, die in Spanien spielte. Darin wird anlässlich einer freudigen festlichkeit — ich glaube, dass der hausherr geburtstag feiert — ein chor von estudiantes herbeigeholt, um auf diese weise dem komponisten gelegenheit für ein spanisches lied, dem kostümierer aber betätigung für so und so viele hosenrollen zu bieten. Diese estudiantes singen — ob hochzeit, geburtsfest, kindstaufe, ob jubiläum oder namenstag zu feiern ist, das ist ihnen gleich — denn:

Wir haben nur ein lied,
Das passt auf alle fälle,
Wir sind damit zur stelle

Das zauberlied lautet:

Wir lassen ihn, wir lassen ihn, wir lassen ihn hochleben.

Ich zitiere ungenau aus dem gedächtnisse, da die aufführung schon zehn jahre her ist.

Solche estudiantes waren unsere architekten. Sie wussten auch nur ein lied. Es hatte zwei strophen: das profil und das ornament. Und mit demselben profil und demselben ornament wurde alles bearbeitet und gearbeitet, fassaden und notentaschen, tintenfässer und klaviere, schlüsselschilder und ausstellungen. Auch glas- und tonwaren. Zuerst wurde ein strich gezogen und dann links oder rechts davon, je nachdem der künstler rechts- oder linkshändig war, darauf losprofiliert, profiliert, dass es eine freude war, zuzusehen. Die profile flossen nur so aus dem bleistift heraus. Plättchen, hohlkehle, plättchen, wulst, plättchen, hohlkehle, plättchen, wulst, dazwischen mal ein karnies. Dann wurde dieses profil herübergepaust, und der rotationskörper war fertig. Nun kam die zweite strophe: das ornament. Auch das wurde mit hilfe der geometrie gelöst, mit der man allerdings, wie es im liede heißt, nicht den inhalt der gurke ergründen, aber rotationskörper abwickeln kann. Kurz, es war herrlich.

Da kamen die bösen engländer und trübten den herren vom reißbrett die freude. Sie sagten: Nicht zeichnen, sondern machen. Geht ins leben, damit ihr wisst, was verlangt wird. Und wenn ihr das leben erfasst habt, dann stellt euch vor den schmelzofen oder vor die drehscheibe. Da ließen neunundneunzig perzent der künstler das töpfemachen sein.

Hier ist man allerdings noch nicht so weit. Aber der englische geist ist auch schon in unsere handwerker gefahren und rebelliert gegen die vorherrschaft der architektur. Mit geheimer freude hörte ich neulich, wie sich ein kollege bei mir darüber beschwerte, dass ihm ein töpfer rundheraus erklärt habe, nach seiner zeichnung nicht arbeiten zu wollen. Nicht einmal den versuch wollte er machen. Er wollte sich eben nicht mehr »retten« lassen. »Recht hat der mann«, erklärte ich dem architekten. Der hat mich wohl für einen narren gehalten.

Es ist die höchste zeit, dass sich unser handwerk auf sich selbst besinnt und jede unberufene führung von sich abzuschütteln sucht. Wer mitarbeiten will, sei willkommen. Wer vor der surrenden töpferscheibe in der arbeitsschürze, vor dem glühenden schmelzofen mit entblößtem oberkörper mitschaffen will, sei gepriesen. Jene dilettanten aber, die vom bequemen atelier aus dem künstler (kunst kommt von können), dem schaffenden, vorschreiben, vorzeichnen wollen, was er schaffen soll, mögen sich auf ihr gebiet beschränken, das der graphischen kunst.

Aus England kam die emanzipation des handwerkers, und daher zeigen die neuen gegenstände alle englische formen. Aus England kam der neue glasschliff (cut glass), den wir steindlschliff oder walzenschliff nennen. Linien von prismatischem querschnitt bilden ein geometrisches ornament über das ganze glas. Das geradlinige ornament erhält den ersten, das rundlinige den zweiten namen. Diese technik hat bei uns eine solche höhe erreicht, dass wir schon mit Amerika konkurrieren können (einem lande also, wo sie in höchster blüte steht), was uns bei der geschicklichkeit unserer glasschleifer nicht wunder nehmen darf. Viele sachen sind bei uns sogar feiner, vornehmer, distinguierter in der form. Die amerikanischen steindlschliffe zeigen alle einen überschwang der form, der mir nicht zeitgemäß scheint. Fast alle aussteller geben gute proben ihrer arbeit.

Zum erstenmal sieht man auf österreichischem boden verfertigte Tiffanygläser. Der sohn des amerikanischen goldschmiedes Tiffany, Louis C. Tiffany, hat mit hilfe venetianischer glasarbeiter ein durch die neuesten errungenschaften der glasflusstechnik ermöglichtes neues dekorationsprinzip für das glas entdeckt. Nicht durch schleifen oder malen, sondern durch kunstreiches eintauchen in verschiedenfarbige glasmassen wird während des blasens aus einem stück — anders als bei der arbeitsart der venetianer, die während des blasens zusammenschweißen — eine gefäßform gebildet, die wohl das höchste dessen vorstellt, was uns moderne arbeit zu bieten imstande ist. Die gegenstände aus Neuwelt sind, besonders in der farbengebung, recht zahm. Aber immerhin, der anfang ist gemacht.

Nicht so zuversichtlich kann man über die tonindustrie sprechen. Die porzellanmalerei hält noch an der geleckten tradition des vorigen jahrhunderts fest. In steingut und majolika gibt es formen, formen! Man findet da unter anderm eine aschenschale, die aus dem konkaven schilde unseres kaiserhauses besteht. Gibt's da kein heroldsamt, das sich einmischen könnte? Unter den glaswaren ist sicherlich viel minderwertiges. Man geht stillschweigend daran vorüber. Aber in der keramischen abteilung lesen wir die selbstbewusste aufschrift: »Alle dessins und formen sind in allen ländern gesetzlich geschützt.« Du lieber gott! Sollte man nicht eher alle länder vor diesen dessins und formen gesetzlich schützen?

Solche gedanken müssen einem kommen, wenn sich das geschmacklose so vorzudrängen sucht.

In der umfangreichen exposition der firma Wahliß bilden die musterteller zu den bisher gelieferten großen servicen wieder das entzücken aller. Hier hat diese firma eine höhe erklommen, die auf der welt einzig dasteht. Alle fürstenhäuser und die geburts- und geldaristokratie aus allen weltteilen lassen sich hier ihre porzellanservice anfertigen. Der teller des indischen rajah und der des amerikanischen krösus liegen nebeneinander. Wie ein symbol für den beginn der herrschaft einer kultur in der gesamtwelt muten mich diese teller an.

DAS LUXUSFUHRWERK

(3. juli 1898)

»Neustadt! — aussteigen!« Es wird ausgestiegen. »Wir wollen aber nach Steffelsdorf.« — »Ja, dann müssen sie noch etwa zwei stunden mit der post fahren.« »Wie, zwei stunden noch herumrumpeln, das ist ja schrecklich« . . . Wir sind in Österreich.

»Kingston — aussteigen!« Auch hier wird ausgestiegen. Man will aber nach Longsdale. — »Ja, dann müssen sie noch zwei stunden mit der post fahren.« — »Was, noch mit der post, das ist ja herrlich« . . . Wir sind in England.

Wir österreicher werden uns denken: das müssen doch wunderbare heilige sein, die am ende des neunzehnten jahrhunderts das hocken in der postkutsche dem fahren auf der bequemen eisenbahn vorziehen. Denken wir aber über uns selbst nach. Wir fahren ja auch im fiaker lieber als in der dampfbahn oder in der elektrischen. Allerdings nur, wo wir gesehen werden. Denn ohne das publikum macht uns auch das schnellste zeugl keine freude. Seien wir ehrlich, gestehen wir das nur ruhig ein.

Dem engländer aber macht schon das fahren an sich freude. Er hat noch herz und sinn für die poesie der landstraße. In der stadt besteigt er ein cab oder hansom nur im notfalle. Selbst die vornehmste lady setzt sich in den omnibus oder die trambahn und ist froh, im sommer einen platz auf der imperiale zu erhalten. Bei uns drückt man sich verschämt in das innere des wagens hinein und ist kreuzunglücklich, wenn einen ein bekannter im omnibus erwischt. Geht's aber hinaus, dann setzt man sich in die bahn mit all den anderen zusammen.

Geht's in England hinaus, dann setzt man sich in den postwagen, in die mail coach. Nicht ins enge coupé, nicht in den landauer, sondern hoch auf das dach des wagens setzt man sich, männlein, weiblein, kinder, alles bunt durcheinander, vorgespannt sind vier pferde, und der guard, der kondukteur, bläst auf einer langen trompete die lustigsten stücke. Das sitzt nicht oben lässig und gelangweilt in die lehne zurückgebeugt, das sagt nicht zu dem fußgänger: »Geh, sieh mich an!«, sondern das lacht und freut sich und ist lustig und guter dinge. Eine große familie.

Dieses vergnügen kann sich in England jeder gönnen. Die starke nachfrage hat es verbilligt. Von jedem großen hotel geht zu einer bestimmten stunde der wagen ab. Man fährt hinaus, weit, weit hinaus, wo es keine zuschauer mehr gibt. Vom wiener standpunkte aus sicherlich ein zweckloses vergnügen. Wer aber reich ist und pferde hält, der besitzt selbst eine coach. Ein richtiger postwagen ist das allerdings nicht mehr, es ist eine privatpost, die man drag nennt. Die freunde werden häufig zu einer coachingparty eingeladen. Dann bläst einer der heiden grooms, und die bewohner der vorstädte reißen die fenster auf und summen die frischen postillonweisen mit.

Das entspricht so recht dem englischen volkscharakter, der tiefen liebe zur natur. Niemandem ist die maschine verhasster als dem engländer. Wo er sich von ihr emanzipieren kann, tut er es. Die maschine gehört ins geschäft, von seinem privatleben sucht er sie fernzuhalten. Er ist es, der für die poesie des landlebens am empfänglichsten ist. Man muss in England gelebt haben, um den satz, den ich einmal in einer zeitungsnotiz fand, verstehen zu können: »Noch heute fährt der englische adel gerne im postwagen und lässt die dienerschaft per bahn fahren«.

Vielleicht bringen wir es auch einmal so weit. Viele leute glauben, es wäre ein unglück, wenn wir etwas nationales aufgeben und etwas englisches dafür eintauschen würden. Ich glaube das nicht. Hat es uns doch nicht geschadet, dass wir die kindische furcht vor den bergen — im vorigen jahrhundert hielten wir nur das flache land für schön und das gebirge für hässlich — fallen ließen und von den engländern die liebe zum hochgebirge übernommen haben. Aber die engländer meinten es nicht nur platonisch. Sie blieben nicht unten im tale und starrten die gipfel an, sondern stiegen hinauf, trotz dem kopfschütteln der deutschen, die über die »verrückten« engländer ganz paff waren. Und heute? Sind wir denn nicht alle engländer geworden?

Haben wir uns die poesie der berge erschlossen, so werden wir wohl auch in bälde die schönheit der landstraße genießen. Unser wagenbau ist bereit. Der steht schon seit langem auf englischer höhe. Unsere fabrikanten brauchen sich gar keine gewalt anzutun. Was sie schön finden, hält auch der englische wagenbauer für schön, so dass man zwischen einem englischen und einem wiener wagen keinen auffallenden unterschied entdecken kann. Der engländer und der wiener haben nur einen ehrgeiz: vornehme wagen zu bauen. Und beide kommen zu denselben resultaten.

Was ein echter deutscher kunstgewerbler ist, wird sich über diese resultate recht ärgern. »Da sieht man wieder«, so kalkuliert der mann, »dass die engländer keinen geschmack besitzen. Und die wiener auch nicht«. Wehmütig gedenkt er der herrlichen karossen aus dem siebzehnten und achtzehnten jahrhundert, gedenkt ihrer gleissenden pracht, ihres reichen schmuckes, ihrer glänzenden vergoldung. Ja, wenn sich doch so ein fabrikant einmal an ihn wenden würde. Aber nein, diesen leuten und ihrer kundschaft gefällt sogar das geschmacklose zeug. So denkt der alte. Der junge aber, der den kopf voll papierner ornamente hat – das papier heißt »The Studio« —, möchte am liebsten dem wagen einen »modernen« dekor geben und ornamente auf den unglücklichen loslassen. Der wagenbauer aber sagt zu beiden: »Was habt ihr nur, der wagen ist ja ganz gut.« — »Aber er hat keine ornamente.« Und beide zeigen ihm ihre entwürfe. Da lacht der wagenbauer und sagt: »Na, da gefällt mir mein wagen schon besser.« — »Ja, warum denn?« — »Weil er kein ornament hat.«

Weil er kein ornament hat! Wie hoch steht der wagenbauer über dem kunstgewerbler, mag dieser nun architekt oder maler oder tapezierer sein. Erinnern wir uns doch ein wenig an einige kapitel kulturgeschichte. Je tiefer ein volk steht, desto verschwenderischer ist es mit seinem ornament, seinem schmuck. Der indianer bedeckt jeden gegenstand, jedes boot, jedes ruder, jeden pfeil über und über mit ornamenten. Im schmucke einen vorzug erblicken zu wollen, heißt auf dem indianerstandpunkte stehen. Der indianer in uns aber muss überwunden werden. Der indianer sagt: Dieses weib ist schön, weil es goldene ringe in der nase und in den ohrlappen trägt. Der mensch auf der höhe der kultur sagt: Dieses weib ist schön, weil es keine ringe in der nase und in den ohrlappen trägt. Die schönheit nur in der form zu suchen und nicht vom ornament abhängig zu machen, ist das ziel, dem die ganze menschheit zustrebt.

Unser wagenbau hat, ebenso wie unser ledergalanterie- und taschnergewerbe, seine höhe nur dem glücklichen umstande zu verdanken, dass keine fachschule für den wagenbau gegründet wurde. Denn auf allen fachschulen wird das gewerbe auf den indianerstandpunkt herabgedrückt. Und doch hätte ein zweig des wagenbaues eine fachschule sehr nötig gehabt und noch immer sehr nötig. Der architekt hätte da nichts verderben können, weil man ihn gar nicht gebraucht hätte. Ich meine den nutzwagenbau.

Der nutzwagenbau hat in anderen ländern eine höhe erreicht, die unsere erzeugnisse bei weitem nicht erreichen. Unsere unternehmer hatten es unglücklicherweise nicht nötig, sich um verbesserungen zu kümmern. Wurden doch alle verbesserungen und veränderungen nur von dem einen wunsche diktiert: die arbeitskräfte beim auf- und abladen zu verringern. Aber in Österreich ist die menschliche arbeit noch so billig, dass man sich wegen solcher dinge keine sorgen zu machen braucht. Soll hier ein stein von vier kubikmetern aufgeladen werden, so sind mindestens zwanzig mann dabei beschäftigt. Beim abladen kann man die nämliche manipulation beobachten. Die kosten sind »nicht der rede wert«. Anders in Amerika. Dort fährt der fuhrmann vor, macht eine kleine handbewegung, die ihn nicht im geringsten anstrengt und höchstens drei minuten dauert, und fährt davon. Und der stein? Ist schon darauf. Abgeladen wird ebenso. Das ganze geheimnis dieser prozedur besteht in der ingeniösen konstruktion des wagens. Der stein wird nicht auf dem wagen, sondern unter dem wagen, etwa dreißig zentimeter über dem boden schwebend, transportiert. Der kutscher fährt vor, über den aufzuladenden stein, lüftet denselben etwas, um ketten drunter zu stecken, und dreht dann an einer kurbel, die den stein hebt. Und so wird für alles, für kohle sowohl wie für das spiegelglas der großen auslagen, ein eigener wagen gebaut. Da könnte eine schule helfen, uns den alten zopf abzuschneiden. Wir brauchen diese schule wie einen bissen brot, ergo — werden wir wohl noch recht lange darauf warten können.

Das luxusfuhrwerk hat in den letzten jahren eine bemerkenswerte umwälzung erfahren. Auch hier droht Wien zurückzubleiben. Es handelt sich um die große verbreitung, welche die C-feder gewonnen hat. Der leser wird sich erinnern, dass die gewöhnlichen equipagen federn besitzen, die aus zwei kreissegmenten bestehen, welche ein zweieck bilden. Man nennt sie druckfedern. Vornehmere wagen besitzen überdies noch federn, die wie ein C gekrümmt sind. Der kasten ist zwischen denselben, auf riemen hängend, angebracht. Diese art wagen, der wagen auf acht federn, oder, wie der fachausdruck lautet, der wagen à huit ressorts, hat sich zum alleinigen beherrscher in allen weltstädten für alle fahrten in der stadt, bei welchen auf repräsentation gesehen wird, aufgeschwungen. Nur Wien bleibt zurück. Nicht, als ob unsere wagenbauer solche wagen nicht bauen könnten. Aber die aufträge bleiben aus. Der grund für diese merkwürdige tatsache ist in dem umstande zu suchen, dass das obersthofmeisteramt diese wagentype noch nicht eingeführt hat. Unsere wagenindustrie erwartet es mit sehnsucht. Ist doch unser hof heute der einzige, der keine wagen à huit ressorts benützt. Hohe herren müssen in einem coupé fahren, das mit einem anderen anstrich und mit gewechselter garnierung (polsterung) sofort auf einem fiakerstandplatz erscheinen könnte.

In der Rotunde repräsentiert sich unser wagenbau prächtig. Minderwertiges sieht man überhaupt nicht, wohl die einzige industrie, von der man dies sagen kann. Armbruster hat — dieser konservatismus zeugt für die vornehmheit der firma — zwei interessante wagentypen (britschen) aus den fünfziger und sechziger jahren ausgestellt. Auch ein drag ist ausgestellt, das bis auf einzelheiten ganz korrekt ist. Bei Lohner sehen wir eine mail coach. Es ist interessant, mit hilfe der regeln, die der londoner coaching club für diese beiden wagentypen aufgestellt hat, unsere wagen auf ihre korrektheit zu prüfen. Dieser klub veranstaltet jährlich zwei meetings. Für London ist das stets ein volksfest. Zugelassen werden nur solche drags und coaches, die den regeln entsprechen. Die abweichungen unserer wagen fallen natürlich nicht den fabrikanten, sondern den bestellern zur last, da doch kein fabrikant absichtlich einen unkorrekten wagen bauen wird.

Bei Armbrusters drag – der kasten ist schwarz und das gestell und die räder sind gelb, dunkelblau durchschnitten – fällt vor allem der unrichtige platz des wappens auf. Es gehört in das untere feld des wagenschlages und sollte bedeutend größer sein. Im innern fehlen die hutriemen, die taschen an den türen und die haken, an denen die laternen aufgehängt werden sollen. Denn bei tage müssen die laternen im innern des wagens untergebracht sein. Am hinteren sitze – man beobachte dessen rücklehne und vergleiche sie mit der Lohnerschen coach – hat der reservevorlegebalken über den ortscheiten zu hängen. Diese rücklehne bildet nämlich das hervorragendste merkmal des drag. Der sitz ist nur für zwei grooms berechnet und hat daher keine rücklehne, zum unterschiede von der coach, die am rücksitze platz für zwei gäste und den guard gewähren muss. Die coach hat falsche scharniere für den hinteren koffer. Sie sollten an der rechten seite angebracht sein und nicht unten, wie beim drag, da die aufgeschlagene koffertür als tisch zu dienen hat. Richtig ist aber hier das riemennetz zwischen den mittleren sitzen, während es beim drag fehlen sollte. Die rücklehnen sollen nicht zum umklappen eingerichtet sein. Beim drag ist dies erlaubt. Wir sehen also, dass beide vehikel die grenzen, die der coaching club festgestellt hat, überschritten haben. In der farbe sind beide korrekt.

Die Nesselsdorfer gesellschaft fällt insbesondere durch den char-à-banc (jagdwagen) in lichtem holz und schweinsleder auf. Ein reizender effekt. J. Weigl stellt einen amerikanischen kutschierwagen (buggy) aus, wie man ihn in dieser vollendung auch in seinem stammlande vergeblich suchen würde. Überhaupt möchte ich vor den neuesten »errungenschaften« des amerikanischen wagenbaues warnen. Technisch ist dieser wohl unerreichbar. In der form aber kann man häufig missgriffe sehen. So fängt man jetzt drüben an, den wagen mit verunglückten akanthusblättern aufzuputzen. Indianerstandpunkt.

DIE PLUMBER

(17. juli 1898)

Man könnte sich unser säkulum ganz gut ohne tischler denken — wir würden dann eiserne möbel gebrauchen. Wir könnten ebenso gut den steinmetz streichen — der zementtechniker würde seine arbeiten übernehmen. Aber ohne den plumber gibt es kein neunzehntes jahrhundert. Er hat ihm seinen stempel aufgedrückt, er ist uns unentbehrlich geworden.

Wir glauben, ihn französisch benennen zu müssen. Wir sagen zu ihm installateur. Das ist falsch. Denn dieser mann ist der träger der germanischen kulturanschauung. Die engländer waren die hüter und wahrer dieser kultur, und daher gebührt ihnen auch der vorrang, wenn wir uns für den mann nach einer benennung umsehen. Zudem stammt das wort plumber aus dem lateinischen — plumbum heißt das blei — und ist daher sowohl für die engländer als auch für uns kein fremdwort, sondern ein lehnwort.

Durch einundeinhalb jahrhunderte schon beziehen wir unsere kultur aus zweiter hand: von den franzosen. Wir haben uns nie gegen die führerschaft Frankreichs aufgelehnt. Nun, da wir merken, dass wir von den franzosen düpiert wurden, nun, da wir einsehen, dass die franzosen die ganze zeit über von den engländern am gängelbande geführt wurden, machen wir gegen die englische, die germanische kultur front. Von den franzosen geleitet zu werden, war uns sehr angenehm; der gedanke aber, dass eigentlich die engländer die führer sind, macht uns nervös.

Und doch hat die germanische kultur ihren siegeszug über den ganzen erdball angetreten. Wer ihr entgegenkommt, wird groß und mächtig: die japaner. Wer sich ihr entgegenstemmt, bleibt zurück: die chinesen. Wir müssen die germanische kultur akzeptieren, und wenn wir deutsche uns noch so sehr dagegen sträuben. Es hilft uns nichts, auch wenn wir zeter und mordio gegen die »englische krankheit« anstimmen. Unsere lebensmöglichkeiten, unsere existenz hängen davon ab.

Die engländer lagen etwas abseits vom großen weltgetriebe. Und wie uns die isländer den germanischen mythos durch jahrtausende treu bewahrt haben, so brach sich an der englischen küste und an den schottischen bergen die romanische welle, die auch den letzten rest germanischer kultur aus den deutschen landen hinweggeschwemmt hatte. Die deutschen waren romanen im fühlen und denken geworden. Nun erhalten sie durch die engländer ihre eigene kultur wieder zurück. Und wie der deutsche immer mit bekannter zähigkeit an dem einmal erworbenen festhält, sträubt er sich jetzt auch gegen die englische kultur, weil sie ihm neu erscheint. Hatte es doch schon Lessing mühe gekostet, den deutschen die größe germanischer denkungsart zu erschließen. Etappenweise musste eine position nach der anderen gegen die verschiedenen Gottscheds genommen werden. Und erst neulich tobte derselbe kampf in der tischlerwerkstätte.

Unsere Gottscheds und mit ihnen alle nachahmer französischer kultur und lebensgewohnheiten stehen auf einem verlorenen posten. Vorbei ist die furcht vor den bergen, vorbei die scheu vor der gefahr, vorbei die angst vor dem straßenstaub, dem waldgeruch, der ermüdung. Vorbei ist die angst vor dem schmutzigwerden, die heilige scheu vor dem wasser. Als die romanische weltanschauung noch regierte, zur zeit des großen Ludwig etwa, da hat man sich nicht schmutzig gemacht, aber man hat sich auch nicht gewaschen. Gewaschen hat sich nur das gemeine volk. Die vornehmen wurden emailliert. »Der muss ein schönes schwein sein, der sich jeden tag waschen muss«, sagte man damals ... In Deutschland spricht man wohl noch heute so. Las ich doch diese antwort neulich in den »Fliegenden«, dort von einem vater gesprochen, als ihm sein kleiner bub die anordnung des lehrers mitteilt, dass er sich täglich waschen müsse.

Die angst vor dem schmutzigwerden kennt der engländer nicht. Er geht in den stall, streichelt sein pferd, setzt sich darauf und fliegt über die weite heide. Der engländer macht alles selbst, er jagt, steigt auf die berge und sägt bäume. Das zusehen macht ihm keine freude. Auf der englischen insel hat die germanische ritterlichkeit ein asyl gefunden und von dort aus hat sie sich nun wieder die welt erobert. Zwischen Maximilian, dem letzten ritter, und unserer epoche liegt die lange zeit der romanischen fremdherrschaft. Karl VI. auf der Martinswand! Ein unmöglicher gedanke! Allongeperücke und alpenluft! Karl VI. hätte wohl die spitzen der berge nicht als einfacher jäger besteigen dürfen! Er hätte, wenn er den für die damalige zeit seltsamen wunsch geäußert hätte, in einer sänfte hinaufgetragen werden müssen. In einer solchen zeit hatten die plumber nichts zu tun, und auf diese weise sind sie auch um ihren namen gekommen. Wohl gab es wasserleitungsanlagen, wasser für springbrunnen, wasser zum anschauen. Aber für bäder, für douchen, für water-closets wurde nicht gesorgt. Beim waschen ging man mit dem wasser sehr sparsam um. In den deutschen dörfern mit romanischer kultur kann man noch heute waschbecken erhalten, mit denen wir schon zu engländern gewordene städter beim besten willen nichts anzufangen wissen. Das war nicht immer so. Deutschland war im mittelalter durch seinen wasserverbrauch berühmt. Die großen öffentlichen badestuben (nur der bader, der friseur, ist uns davon noch übrig geblieben) waren immer überfüllt, und jedermann nahm täglich wenigstens ein bad. Während in den späteren Königsschlössern überhaupt keine bäder zu finden sind, war das badezimmer im deutschen bürgerheim der glänzendste und prächtigste raum des hauses. Wer kennt nicht das berühmte badezimmer im Fuggerhause in Augsburg, dieses juwel deutscher renaissancekunst! Und sport und spiel und waidwerk, das alles wurde, als die germanische weltanschauung maßgebend war, nicht nur von den deutschen gepflegt.

Wir sind zurückgeblieben. Als ich vor einiger zeit eine amerikanische dame fragte, welcher ihr der bemerkenswerteste unterschied zwischen Österreich und Amerika zu sein scheine, antwortete sie mir: the plumbing! — die installationsarbeiten, heizung, beleuchtung und wasserleitungsanlagen. Unsere hähne, ausgüsse, water closets, waschtische usw. sind noch weit, weit hinter den englischen und amerikanischen einrichtungen zurück. Dass wir, wenn wir uns die hände waschen wollen, erst auf den korridor gehen müssen, um das wasser im kruge zu holen, dass es toiletten ohne waschgelegenheit gibt, das erscheint dem amerikaner als das auffallendste. In dieser beziehung verhält sich Amerika zu Österreich wie Österreich zu China. Man wird einwenden, dass es solche einrichtungen auch schon bei uns gibt. Gewiss, aber nicht überall. Auch in China gibt es englische waschgelegenheiten, für die reichen und für die fremden. Aber das gros des volkes kennt sie nicht.

Eine wohnung ohne badezimmer! In Amerika eine unmöglichkeit. Der gedanke, dass es am ende des neunzehnten jahrhunderts ein land von millionen gibt, dessen einwohner nicht alle täglich baden können, erscheint amerikanern ungeheuerlich. Daher kann man auch in den niedersten vierteln New Yorks um zehn cents im massenquartier reinlicher und angenehmer schlafen als in unserem dorfgasthause. Daher gibt es in Amerika nur einen einzigen wartesaal für alle klassen, in dem auch bei dem größten andrange nicht der geringste geruch zu verspüren ist.

In den dreißiger jahren tat einer vom jungen Deutschland – es war Laube in den »kriegern« – einen großen ausspruch: Deutschland gehört ins bad. Bedenken wir doch recht: eigentlich brauchen wir gar keine kunst. Wir haben ja noch nicht einmal eine kultur. Hier könnte der staat rettend eingreifen. Statt das pferd beim schwanz aufzuzäumen, statt das geld auf die erzeugung von kunst zu verwenden, versuche man es mit der erzeugung einer kultur. Neben akademien baue man badeanstalten und neben professoren stelle man bademeister an. Eine höhere kultur hat dann schon eine höhere kunst zur folge, die, wenn sie sich offenbaren will, ohne hilfe des staates zutage tritt.

Aber der deutsche — ich denke nur an die große allgemeinheit — verbraucht zu wenig wasser für den körper und für das haus. Er tut es nur, wenn er muss, wenn ihm gesagt wird, dass es seiner gesundheit zuträglich ist. Ein schlauer bauer in Schlesien und ein schlauer geistlicher herr in den bayrischen bergen haben das wasser als heilmittel verordnet. Das half. Leute von der ausgemachtesten wasserscheu pritschelten im wasser. Und gesund wurden die leute auch. Das ist ganz natürlich. Wer kennt nicht die geschichte von dem eskimo, der einem reisenden gegenüber ein altes brustleiden beklagte. Der reisende klebte ihm ein pflaster auf die brust und verhieß dem ungläubigen patienten heilung bis zum nächsten tage. Das pflaster wurde abgenommen, die schmerzen waren mit einer dicken schmutzschichte, die an dem pflaster hängen blieb, gewichen. Eine wunderkur!

Traurig ist es, dass viele menschen nur mit hilfe solcher mittel zur reinigung, zum waschen und baden zu bewegen sind. Wäre das bedürfnis allgemein vorhanden, der staat müsste ihm rechnung tragen. Und hätte schon nicht jedes schlafzimmer seinen eigenen baderaum, so müsste doch der staat riesenbäder bauen, gegen welche sich die thermen des Caracalla wie eine badestube ausnehmen würden. Der staat hat ja ein interesse daran, das reinlichkeitsbedürfnis im volke zu heben. Denn nur das volk kann wirtschaftlich mit den engländern gleichen schritt halten, das ihnen im wasserverbrauche nahekommt; nur das volk ist berufen, die weltherrschaft von den engländern zu übernehmen, das sie im wasserverbrauche übertreffen wird.

Der plumber aber ist der pionier der reinlichkeit. Er ist der oberste handwerker im staate, der quartiermacher der kultur, der heute maßgebenden kultur. Jedes englische waschbecken mit wassereinlauf und abguss ist ein merkmal des fortschrittes. Jeder herd mit seinen einrichtungen für das braten und rösten des fleisches am offenen feuer ist ein neuer sieg des germanischen geistes. Auch auf der wiener speisenkarte macht sich eine solche umwälzung bemerkbar. Der verbrauch des roastbeefs, der am rost gebratenen steaks und cutlets wird immer größer, während der verbrauch des wiener schnitzels und des backhendels, dieser italienischen gerichte, sowie der geschmorten, gekochten und gedünsteten französischen speisen immer mehr zurückgeht.

Am schwächsten sind wohl unsere badeeinrichtungen. Statt die wanne mit weißen kacheln auszukleiden, nimmt man hierzulande lieber färbige, damit, wie mir ein fabrikant – er hat nicht ausgestellt – naiv versicherte, der schmutz weniger gesehen werde. Die blechwannen werden, statt mit weißer farbe, der einzigen, die dafür taugt, auch dunkel emailliert. Schließlich gibt es blechbadewannen, die den schein erwecken wollen, dass sie aus marmor bestehen. Es gibt leute, die das glauben, denn auch diese marmorierten wannen finden käufer. Auch für jene braven leute, die noch auf dem indianerstandpunkte stehen – bekanntlich ornamentiert der indianer alles, was ihm erreichbar ist – wurde bestens vorgesorgt. Man findet rokokoventile und rokokohähne und selbst einen rokokowaschtisch. Ein wahres glück ist es, dass einige firmen sich auch der nichtindianer angenommen haben. So sehen wir bei M. Steiner vorzügliche, ganz glatte und daher elegante amerikanische kopfdouchen – eine neue erfindung – und bei H. Esders tüchtige und korrekte einrichtungen sowohl in form als farbe. Vom rein technischen standpunkte wäre noch erwähnenswert, dass die kurbelventile in der plumberei jetzt, im zeitalter der radventile, gar keine berechtigung mehr haben. Ein alter zopf, der abgeschnitten zu werden verdient. Das kurbelventil ist nicht billiger, nützt sich aber früher ab und hat viele andere missstände zur folge. Wenn unsere plumber nicht wollen, so möge das publikum in seinem eigenen interesse nachhelfen und auf die anbringung von radventilen dringen.

Die hebung des wasserverbrauches ist eine der dringendsten kulturaufgaben. Mögen dabei unsere wiener plumber ihre aufgabe ganz erfüllen und uns dem großen ziele näherbringen, mit den übrigen kulturvölkern des abendlandes auf derselben kulturhöhe zu stehen. Denn sonst könnte uns etwas sehr unangenehmes, etwas sehr beschämendes passieren. Sonst könnten – wenn nämlich beide völker in dem bisherigen tempo weiter fortschreiten, die japaner die germanische kultur früher erreichen als die österreicher.

DIE HERRENHÜTE

(24. juli 1898)

Wie wird die mode gemacht? Wer macht die mode? Das sind gewiss sehr schwierige probleme. Dem wiener hutmodeverein war es vorbehalten, diese fragen, wenigstens auf dem gebiete der kopfbedeckungen, spielend zu lösen. Er setzt sich nämlich zweimal des jahres um den grünen tisch und diktiert nun dem ganzen erdball jene hutform, die in der folgenden saison getragen werden soll. Dem ganzen erdball, das muss festgehalten werden. Es soll ja keine wiener nationaltracht geschaffen werden, keine, deren sich unsere wasserer, fiaker, strizzis, gigerln und anderen wiener lokaltypen bedienen. O nein, für die strengen sich die mitglieder des hutmodevereines nicht die köpfe an. Die hutmode wird allein für den gentleman bestimmt, und da die kleidung eines solchen mit den verschiedenen volkstrachten, außer bei der ausübung eines sportes, der an die scholle gebunden ist, bekanntlich nichts gemein hat, da sich der gentleman auf der ganzen welt gleich kleidet, gibt also wohl der wiener hutmodenverein den ton für alle kopfbedeckungen abendländischer kultur an.

Wer hätte sich die lösung dieser frage so einfach gedacht! Mit ehrfurcht betrachtet man nun den ehrsamen hutmachermeister, der sich mit seiner stimme für die nochmalige erhöhung des seidenhutes eingesetzt und sie auf diese weise mit der majorität einer stimme erreicht hat. Er allein also hat alle pflastertreter von Paris bis Yokohama gezwungen, sich nächstes jahr einen noch höheren seidenhut aufzusetzen, wenn sie zur guten gesellschaft gerechnet werden wollen. Aber was wissen die pflastertreter von Paris bis Yokohama, was ahnen die von dem braven meister im XI. bezirk! Die faseln vielleicht von der tyrannei der mode, im günstigen falle von der launischen göttin mode! Wenn die ahnen würden, dass der brave meister im XI. bezirk der tyrann ist, der gott!

Nicht auszudenken wären die folgen, wenn dieser mann bei der hutmodewahl am erscheinen verhindert worden wäre: sei es durch einen schnupfen, sei es, weil die gestrenge ehehälfte ihm den abend nicht freigegeben, sei es, dass er ganz vergessen hätte. Dann müsste die welt einen niedrigeren zylinder tragen. Man muss also hoffen, dass die mitglieder des hutmodevereines angesichts ihrer kolossalen verantwortung der welt gegenüber sich durch nichts abhalten lassen werden, ihr votum zweimal des jahres abzugeben.

Ich glaube, von meinen lesern die frage zu vernehmen: Ja, lassen sich denn die pariser, londoner, newyorker und bombayer hutmacher die hutmode von den wiener meistern vorschreiben? Kleinlaut muss ich antworten: leider nicht. Diese schlechten menschen, das perfide Albion natürlich an der spitze, kümmern sich nicht einmal um deren wahlergebnisse. Ja, dann sind eigentlich diese wahlen vollständig zwecklos? Eigentlich — ja. Diese wahlen sind eine harmlose spielerei, genau so harmlos, als wenn die bukarester oder chicagoer hutmacher wählen würden. Die hutform des vornehmen mannes, der mit seinem hute überall, auf der ganzen welt, für vornehm gehalten werden will, wird dadurch nicht tangiert.

Doch halt, gar so harmlos ist diese spielerei doch nicht. Es gibt nämlich mehr vornehme leute, als unsere hutmacher gemeiniglich annehmen. Und da diese keine hüte tragen wollen, deren vornehmheit mit dem aufhören der schwarzgelben grenzpfähle zu ende ist, unsere hutmacher aber auf beschluss des hutmachervereines nur solche erzeugen, so sind sie gezwungen, sich englische hüte anzuschaffen. Und wir sehen, wie der verbrauch der englischen hüte in Österreich, obgleich sie bei gleicher qualität um hundert perzent teurer sind, in demselben maße von jahr zu jahr zunimmt, als sich die type des hutmodevereines von der in der guten gesellschaft herrschenden entfernt. Das stimmt umso trauriger, wenn man bedenkt, dass wir dank unserem ausgezeichneten filz und den niederen preisen die konkurrenz mit der ganzen welt aufnehmen könnten. Die einführung des wiener hutes im auslande scheitert stets an seiner unkorrekten form und ausführung.

Unsere ersten firmen haben bei ihrer kundschaft, also in den vornehmen kreisen, mit den typen des hutmodevereines die schlechtesten erfahrungen gemacht und haben diesem verein die gefolgschaft bald aufgesagt. Bei Pleß oder Habig wird man dessen formen auch vergeblich suchen. Im export machte sich die emanzipation bald bemerkbar. Habighüte trifft man nun auf dem ganzen erdball, in New York sowohl wie in Rio de Janeiro. Ich sehe aber nicht ein, warum der hofhutmacher, der dank seinen ausländischen verbindungen und dank seinem vornehmen kundenkreis sich die korrekte type verschaffen kann, andere hüte führen soll, als der meister in der provinz.

Der hutmodeverein brauchte nur, statt einen hut als modern auszugeben, welcher der phantasie eines seiner mitglieder entsprungen ist, jene form zu publizieren, die in der ganzen welt, und zwar in den vornehmsten kreisen als modern gilt. Das hätte zur folge, dass der export sich heben und der import zurückgehen würde. Schließlich wäre es auch kein unglück, wenn jedermann, bis in die kleinste provinzstadt, einen ebenso vornehmen hut trüge wie der wiener aristokrat. Die zeit der kleiderordnungen ist ja vorüber. So aber bedeuten manche beschlüsse dieses vereines eine direkte schädigung unserer hutindustrie. Der zylinder wird gegenwärtig etwas niedriger als in der letzten saison getragen. Der verein aber beschloss für den zylinder des kommenden winters eine abermalige erhöhung. Und die folge davon? Die englischen hutmacher bereiten sich schon jetzt auf einen außergewöhnlichen massenexport von seidenhüten für den österreichischen markt vor, da der moderne zylinder im nächsten winter nicht bei den wiener hutmachern zu haben sein wird.

Auch nach anderer richtung könnte sich die tätigkeit des vereines segensreich gestalten. Unser österreichischer nationalhut, der lodenhut, beginnt die reise um den erdkreis anzutreten. In England ist er schon. Der prinz von Wales hat ihn bei seinen jagdausflügen in Österreich kennen und schätzen gelernt und in seine heimat mitgenommen. Hier hat der lodenhut sich nun die englische gesellschaft, herren sowohl wie damen, erobert. Fürwahr ein heikler zeitpunkt, zumal für die lodenhutindustrie. Es fragt sich nämlich, wer der englischen gesellschaft die lodenhüte machen soll. Gewiss die österreicher, und zwar so lange, als die österreicher jene formen erzeugen, welche die englische gesellschaft will. Dazu gehört aber eine unendliche feinfühligkeit. eine genaue kenntnis der gesellschaft, empfindung für vornehmheit und eine feine witterung für das kommende. Durch den brutalen majoritätsbeschluss am grünen tische kann man diesen kreisen keine formen aufoktroyieren. Das weiß wohl der große fabrikant, ich glaube aber, dass auch der kleine meister an der günstigen konjunktur, die für sein erzeugnis eingetreten ist, partizipieren soll. Für ihn sollte daher der hutmodeverein, wenn er sich dieser schwierigen frage gewachsen fühlt, die sache in die hand nehmen. Vielleicht versagt aber sogar der große fabrikant. Dann werden die engländer die lachenden erben sein, denen der große schatz zufallen wird, den der kleine hutmacher im alpenland durch ein jahrtausend sorgfältig gehütet hat. Die engländer sind nämlich ganz andere geschäftsleute als die österreicher. Für jeden markt arbeiten sie andere hüte. Wir dürfen uns keiner täuschung hingeben; auch der englische hut, den wir auf dem wiener platz erhalten, ist ein kompromiss zwischen dem modernen hut und dem hut des hutmodevereines. Für die wilden völker werden jene gegenstände erzeugt, die ehen bei ihnen den meisten anklang finden. Die engländer behandeln uns wie die wilden. Und sie tun recht daran. Auf diese weise verkaufen sie sehr viele hüte an uns, während sie mit dem hut, der in der besten gesellschaft getragen wird, also mit dem modernen hut, recht schlechte geschäfte machen würden. Sie verkaufen dem wiener nicht den hut, der modern ist, sondern den, der dem wiener als modern gilt. Und das ist wohl ein großer unterschied. Den korrekten verkaufen sie nur in London. Als meine londoner hüte zu ende gingen, ging ich hier auf die suche nach dem correct shape. Da fand ich denn, dass die hier verkauften englischen hüte mit denen in London nicht übereinstimmen. Ich gab einem hutmacher den auftrag, mir aus England den hut zu verschaffen, dessen fasson auch von den mitgliedern der königlichen familie getragen werde. Die garantie des londoner hauses machte ich zur bedingung. Kosten nebensache. Da kam ich aber schön an. Nach monatelangen ausflüchten, nachdem schon eine erkleckliche summe vertelegrafiert worden war, brach die englische firma die unterhandlungen für immer ab. Dem hutmodeverein aber wäre es ein leichtes, sich diese formen zu verschaffen. Auf schnelligkeit käme es da gar nicht an. Wir könnten sehr zufrieden sein, heute jenen hut zu bekommen, den die englische gesellschaft vor drei jahren getragen hat. Das wäre für uns noch ein so hypermoderner hut, dass er in Wien niemandem auffallen würde. Und das muss man von einem modernen hut verlangen. Die mode schreitet langsam, langsamer als man gewöhnlich annimmt. Gegenstände, die wirklich modern sind, bleiben es auch lange. Hört man aber von einem kleidungsstück, dass es schon in der nächsten saison unmodern wurde, das heißt mit anderen worten unangenehm auffiel, dann kann man behaupten, dass es nie modern war, sondern sich fälschlich als modern ausgab.

Betrachtet man die ausstellung unserer hutmacher in der Rotunde, so tut einem das herz weh, wenn man bedenkt, dass eine so tüchtige industrie nicht stärker am export beteiligt ist. Geschmacklosigkeiten trifft man gar nicht — das bildnis des kaisers im hutfutter ausgenommen —, und selbst die kleinsten meister sind im stande, hüte von so vorzüglicher qualität herzustellen wie die ersten häuser. Wie hoch muss diese industrie stehen; von keiner anderen bekleidungsbranche kann man das leider sagen. Ein jeder hutmacher wollte nur durch seine innere tüchtigkeit wirken, und jeder verschmähte die bekannten ausstellungsmätzchen, durch abenteuerliche formen die aufmerksamkeit der beschauer auf sich zu lenken. Dadurch ist dieser ganze teil der ausstellung auf einen feinen, vornehmen ton gestimmt. Die hutmachergenossenschaft vereinigt in einer vitrine zwölf aussteller — große und kleine meister, alle der qualität nach vorzüglich. Unsere firmen — Habig, Berger, Ita und Skrivan — zeichnen sich durch die reichhaltigkeit des von ihnen ausgestellten aus. Über die korrektheit der form ein urteil abzugeben, kann ich mir leider nicht mehr erlauben — ich bin schon seit zwei jahren in Wien. Was aber die elegante ausstattung anbelangt, möchte ich den hüten von Ita den preis zuerteilen.

Unserem hutmodeverein aber wäre zu wünschen, dass er den anschluss an die übrigen kulturvölker suchte und fände. Die schaffung einer österreichischen nationalmode ist ein phantom und aus dem starren festhalten daran würde unserer industrie unberechenbarer schaden erwachsen. China beginnt seine mauer niederzureißen, und es tut gut daran. Dulden wir nicht, dass leute aus falschem lokalpatriotismus um uns eine chinesische mauer errichten!

DIE FUSSBEKLEIDUNG

(7. august 1898)

»Tempora mutantur, nos et mutamur in illis!« Die zeiten ändern sich, und wir ändern uns in ihnen. Und das tun auch unsere füße. Bald werden sie klein, bald groß, bald spitz, bald breit. Und der schuster macht daher bald große, bald kleine, bald spitze, bald breite schuhe.

Von saison zu saison allerdings wechseln unsere fußformen nicht. Dazu bedarf es oft einiger jahrhunderte, zum mindesten aber eines menschenalters. Denn im handumdrehen kann aus einem großen fuß kein kleiner werden. Da haben es die anderen bekleidungskünstler besser. Starke taille, schwache taille, hohe schultern, tiefe schultern, und so vieles andere — da kann man durch neuen schnitt, durch watte und andere hilfsmittel abändern. Doch der schuster muss sich streng an die jeweilige fußform halten. Will er kleine schuhe einführen, so muss er geduldig warten, bis das großfüßige geschlecht abgestorben ist.

Aber es haben auch nicht alle menschen zur selben zeit die gleiche form der füße. Leute, die ihre füße mehr brauchen, werden größere, leute, die sie selten gebrauchen, kleinere füße bekommen. Wie soll sich da der schuster helfen? Wessen fußform soll für ihn maßgebend sein? Denn er wird bestrebt sein müssen, moderne schuhe zu arbeiten. Auch er will vorwärtskommen, auch er ist von dem bestre-

ben erfüllt, seinen erzeugnissen möglichst große verkaufbarkeit zu verleihen.
Er macht es daher, wie es alle übrigen gewerbe tun. Er hält sich an die fußform derjenigen, die gerade die soziale herrschaft innehaben. Im mittelalter herrschten die ritter, die reiter, leute, die durch das häufige sitzen auf dem pferde kleinere füße als das fußvolk besaßen. Daher war der kleine fuß modern, und durch eine verlängerung (schnabelschuhe) wurde der eindruck der schmalheit, auf den es vorzugsweise ankam, noch verstärkt. Als aber das rittertum in verfall geriet, als der zu fuß gehende bürger in den städten zum höchsten ansehen gelangte, da kam der große, breite fuß des langsam einherschreitenden patriziers in mode. Im siebzehnten und achtzehnten jahrhundert hat das stark ausgeprägte höfische leben das zufußgehen wieder abkommen lassen, und durch den starken gebrauch der sänfte kam der kleine fuß (der kleine schuh) mit hohem absatz (haken) zur herrschaft, der wohl für park und schloß, nicht aber für die straße taugte.

Das wiederaufleben der germanischen kultur brachte neuerlich das reiten zu ehren. Alles, was im vorigen jahrhundert modern fühlte und dachte, trug den englischen reitschuh, den stiefel, auch wer kein pferd besaß. Der reitstiefel war das symbol des freien menschen, der nun endlich die schnallenschuhwirtschaft, die hofluft, das gleißende parkett überwunden hatte. Wohl blieb der fuß klein, doch der hohe haken, den der reiter nicht brauchen kann, wurde weggelassen. Das ganze darauffolgende jahrhundert, also das unsrige, war daher von dem bestreben nach einem möglichst kleinen fuß erfüllt.

Aber schon im laufe dieses jahrhunderts begann der menschliche fuß eine wandlung durchzumachen. Unsere sozialen verhältnisse haben es mit sich gebracht, dass wir von jahr zu jahr schneller gehen. Zeit ersparen heißt geld ersparen. Auch die vornehmsten kreise, also leute, die genügend zeit hatten, wurden mitgerissen und beschleunigten ihr tempo. Ist doch heutzutage einem rüstigen fußgänger eine gangart selbstverständlich, die im vorigen jahrhundert die läufer vor den wagen gebrauchten. So langsam zu schreiten wie die leute in früheren zeiten, wäre uns heute unmöglich. Dazu sind wir zu nervös. Noch im achtzehnten jahrhundert marschierten die soldaten in einem tempo, das uns wie ein wechselndes stehen auf einem fuß erscheinen und uns sehr ermüden würde. Die zunahme der gehschnelligkeit wird wohl am besten durch die tatsache illustriert, dass das heer Friedrichs des großen in der minute 70 schritte machte, ein modernes heer aber 120 schritte macht. (Unser exerzierreglement schreibt 115 bis 117 schritte in der minute vor. Dieses tempo kann aber gegenwärtig nur mit mühe eingehalten werden, da die soldaten von selbst zu größerer schnelligkeit drängen. Solchem zuge der zeit wird auch eine neuauflage des reglements rechnung tragen müssen.) Man kann demnach ausrechnen, wieviel schritte unsere soldaten und somit alle menschen, die schnell vorwärts kommen wollen, in hundert jahren in der minute marschieren werden.

Völker mit höher entwickelter kultur gehen rascher als solche, die noch zurückgeblieben sind, die amerikaner

schneller als die italiener. Kommt man nach New York, so hat man immer das gefühl, als ob es irgendwo ein unglück gegeben hätte. Der wiener aus dem vorigen jahrhundert würde heute in der kärntnerstraße gleichfalls den eindruck haben, dass etwas passiert sei.
Wir gehen schneller, das heißt mit anderen worten, dass wir uns mit der großen zehe immer stärker vom erdboden abstoßen. Und tatsächlich wird unsere große zehe immer kräftiger und stärker. Das langsame dahinwandeln hat eine verbreiterung des fußes zur folge, während das rasche gehen durch die stärkere entwicklung der hauptzehe zu einer verlängerung des fußes führt. Und da die übrigen zehen, besonders die kleine, mit dieser entwicklung nicht gleichen schritt halten, da sie durch den geringen gebrauch geradezu verkümmern, tritt auch eine verschmälerung des fußes ein.

Der fußgänger hat den reiter abgelöst. Das bedeutet nur eine verstärkung des germanischen kulturprinzips. »Durch eigene kraft vorwärtskommen« heißt die parole für das nächste jahrhundert. Das pferd war der übergang vom sänftenträger zum eigenen ich. Unser jahrhundert aber erzählt die geschichte von reiters glück und ende. Es war das richtige pferdejahrhundert. Der stallgeruch war unser vornehmstes parfum, die pferderennen unsere volkstümlichsten nationalspiele. Der reiter war der verzogene liebling des volksliedes. Reiters tod, reiters liebchen, reiters abschied. Der fußgänger galt nichts. Die ganze welt ging wie ein reiter angezogen. Und wollten wir uns schon ganz vornehm anziehen, so nahmen wir den reitrock, den frack. Jeder student hatte seinen gaul, die straßen waren von reitern belebt.

Wie ist das anders geworden! Der reiter ist der mann der ebene, des flachen landes. Es war der freie englische landedelmann, der pferde züchtete und von zeit zu zeit beim meeting erschien, um hinter dem fuchs über die fencen zu springen. Und nun wurde er von dem manne abgelöst, der in den bergen haust, dessen freude darin besteht, höhen zu ersteigen, sein leben dafür einzusetzen, durch eigene kraft sich über die menschlichen heimstätten zu erheben, dem hochländer, dem schotten.

Der reiter trägt stiefel, lange hosen, die über die knie reichen und dort einen recht engen schluß haben sollen (riding breeches). Die kann der fußgänger, der hochgebirgler nicht brauchen. Er trägt — ob er nun in Schottland oder in den alpen lebt — schnürschuhe, strümpfe, die nicht über das knie reichen dürfen, und ganz freie knie. Der schotte trägt dann den bekannten rock, der älpler die lederhose — im prinzip ist es dasselbe. Auch die stoffe sind bei reiter und fußgänger verschieden. Der mann der ebene trägt glatte tuche, der mann des gebirges rauhe gewebe (homespuns und loden). Das besteigen der berge wurde dem menschen zum bedürfnisse. Die gleichen menschen, die noch vor hundert jahren einen so gewaltigen horror vor dem hochgebirge hatten, fliehen aus der ebene in die berge. Bergsteigen, durch eigene kraft den eigenen leib immer höher hinauf tragen, gilt uns gegenwärtig als die edelste leidenschaft. Sollten von jener edlen leidenschaft — man erinnere sich, dass auch im vorigen jahrhundert das reiten als noble passion bezeichnet wurde —, sollten also von jener edlen leidenschaft alle jene ausgeschlossen werden, die nicht im hochlande leben? Man suchte nach einem mittel, auch diesen etwas ähnliches zu ermöglichen, man suchte nach einer vorrichtung, jene bewegungen auch in der ebene auszuführen: das bicycle wurde erfunden. Der bicyclist ist der bergsteiger der ebene. Er kleidet sich daher wie dieser. Hohe stiefel und lange hosen kann er nicht brauchen. Er trägt hosen, die um die knie weit sind und darunter als stulpen schließen, damit sich die umgeschlagenen strümpfe um dieselben legen können (umgeschlagen werden sie sowohl in den alpen als in Schottland, damit sie nicht hinabrutschen). Auf diese weise hat das knie unter der hose genügend spielraum, so dass man ohne hindernis aus der gestreckten beinstellung in die kniebeuge überzugehen vermag. Nebenbei sei hier erwähnt, dass es in Wien leute gibt, welche die bedeutung der stulpen gar nicht kennen und die strümpfe unter die stulpen stecken. Sie machen damit einen ähnlich komischen eindruck wie die mancherlei falschen eingeborenen, die im sommer die alpen unsicher machen.

Als fußbekleidung trägt der radfahrer aber wie der hochgebirgler schnürschuhe. Die schnürschuhe werden das nächste jahrhundert beherrschen, wie die reitstiefel dieses jahrhundert. Die engländer haben den direkten übergang gefunden und tragen noch heute beide formen. Wir aber haben uns für die übergangszeit einen scheußlichen zwitter zurechtgelegt, die stiefelette. Das höchst unangenehme an der erscheinung der stiefletten wurde offenbar, als die kurze hose kam. Da sah man sofort: ohne die wohltätige verdeckung durch die hose kann man stiefletten nicht tragen. Unsere offiziere trugen strupfen, um sie zu verdecken, und waren mit recht unglücklich, wenn die uniformierungsvorschrift strenger gehandhabt wurde, welche die strupfen für die fußtruppen verbietet. Im grunde aber sind die stiefletten tot, so tot wie der frack bei tageslicht, dessen komischen eindruck wir erst erfahren, wenn wir ihn auf der straße spazieren führen. Bei der größten hitze müssen wir den überzieher darüber ziehen oder uns in einen wagen setzen. Und komisch wirken — daran ist bisher jedes kleidungsstück zugrunde gegangen.

Durch den pedestrischen sport ist der fuß in den vornehmen kreisen heute nicht mehr so klein wie ehemals. Er wird immer größer. Die großen füße der engländer und engländerinnen fordern nicht mehr unsere spottsucht heraus. Auch wir steigen auf die berge, haben bicycles und haben — horribile dictu — englische füße bekommen. Doch trösten wir uns. Die schönheit des kleinen fußes beginnt, besonders beim manne, langsam zu verblassen. Aus Amerika kam mir neulich eine beschreibung Rigos zu, in der es schließlich heißt: »Unter den hosen guckten ein paar ekelhaft kleine füße hervor.« Ekelhaft kleine füße! Das wirkt überzeugend. Aus Amerika kommt die neue lehre: ekelhaft kleine füße! Heiliger Clauren, wenn du das noch erlebt hättest! Du, dessen helden nie genug kleine füßchen erhalten konnten, um in den träumen von hunderttausenden deutscher jungfrauen als ideale edler männlichkeit zu erscheinen. Tempora mutantur …

DIE SCHUHMACHER

(14. august 1898)

Als an dieser stelle eine entgegnung auf den artikel, der die tätigkeit des hutmodevereines besprach, veröffentlicht wurde, konnte man sich die tragweite dieser maßnahme doch nicht recht vorstellen. Die folgen sind nun da. Die interessenten sind von einer dementierwut befallen. Jedermann, der anderer meinung ist, findet es selbstverständlich, dass seine ansichten auch abgedruckt werden. Es wird in aller form dementiert. So »erlaubt sich ein herr S.« — seit zwanzig jahren in der schuhmacherbranche tätig!, wie er hinter seiner unterschrift samt dem ausrufungszeichen versichert — »um aufnahme der nachstehenden berichtigenden zeilen zu ersuchen«. Und nun folgt eine reihe mit »unrichtig ist, dass . . .« beginnender abschnitte.

Vielleicht sind die leser neugierig, was wohl herr S. berichtigt. Greifen wir einige punkte auf gut glück heraus. Unrichtig ist, so versichert herr S., der vergleich des bergsteigens mit dem radfahren. Oder: unrichtig ist, dass jeder student seinen gaul hatte. Oder: unrichtig ist, dass die schnürschuhe das ganze nächste jahrhundert beherrschen werden. Ein anderer herr, namens Sch., bittet ebenfalls um aufnahme seiner zeilen, hoffend, dadurch einiges zur hebung unserer ohnehin gedrückten österreichischen schuhindustrie beitragen zu können. Dabei ist ihm aber ein malheur passiert.

Die enthusiastischen worte, die ich dem hutmodeverein widmete, hat er für bare münze gehalten, denn er polemisiert gegen meine behauptung, dass bergsteigen, marschieren und radfahren die schnürschuhe in aufnahme gebracht haben, und meint dann wörtlich: »Forschen wir also nach anderen gründen. Ich denke hier an das lichte schuhwerk, welches dem schnürschuh eine solche verbreitung gab; die schuster forcierten den schnürschuh und brachten hübsche formen heraus. Also da liegt der hund begraben. Der schuster macht die mode. Herr Loos erzählte uns neulich so hübsch die geschichte vom hutmodeverein, wie der mode macht. Hier findet man dasselbe.«

Nun, alles kann wohl nicht aufnahme finden, was um aufnahme bittet. Der unfreiwillige komiker ist immer amüsant — aber dieses blatt ist kein witzblatt. Jene zuschrift, welche die tätigkeit des hutmodevereines verteidigte, bot eine interessante ergänzung zu meinen angriffen und hat zur klärung der situation vieles beigetragen. Stärker noch als meine argumente, vernichtender als meine vorwürfe hat sie jenem wahlmodus wohl für immer ein ende bereitet. Stärker und vernichtender, weil sie aus dem eigenen lager kam. Mit recht fragte das publikum, wie es wohl mit dem guten geschmacke jenes lagers bestellt ist, das uns die hutformen angibt. Dass es menschen gibt, welche die formen des hutmodevereines für vornehm genug halten, wurde niemals in abrede gestellt. Doch wie sehen diese menschen aus, wie ist ihr geschmack? Die zuschrift des herrn Keßler drückte das präzis aus. Er hält es mit seinem geschmacke für vereinbar, wenn man das porträt seiner majestät in das hutfutter hineindruckt. Er beruft sich dabei auf die Bukowina, wo mit den bildnissen der nationalmänner ähnlich verfahren wird. Das publikum ist also jetzt im klaren. Hie England, hie Bukowina!

Die zuschriften der herren aus der schuhbranche tragen aber zur klärung gar nichts bei. Im allgemeinen laufen alle darauf hinaus, dass durch die aufnahme des schnürschuhs die österreichische schuhmacherei geschädigt wird, da dieser die stieflette, die merkwürdigerweise für den österreichischen nationalschuh gehalten wird, verdrängt. Eine solche anklage ist natürlich unhaltbar. Denn schuhe und stiefel werden verbraucht, ob sie nun nach diesem oder nach jenem system gemacht sind. Dem schuhmacher ist das gleichgültig. Nicht so dem gummizugfabrikanten, der aber jetzt eben auf die herstellung anderer erzeugnisse bedacht sein muss. Gegen den zug der zeit kann kein mensch arbeiten, und millionen zentner druckerschwärze können die stieflette nicht mehr zu neuem leben erwecken.

Das lehrt uns wohl die ausstellung selbst. In der vitrine der schuhmacher-genossenschaft, die 192 schuhe zeigt, zählen wir nur drei damen-, drei herren- und drei uniformstiefletten. Die statistik ist eine unbarmherzige sprache. In zehn jahren? Da werden wir auch diese letzten neun vergeblich suchen.

Nach den englischen schustern machen gewiss unsere schuhmacher die besten schuhe der welt. Man wird zwar in den verschiedenen europäischen hauptstädten hervorragende schuster aufzählen können, aber der gleichmäßige, tüchtige durchschnitt erhebt die österreicher, was die fußbekleidung angeht, über jedes andere volk. Dies ist umso verwunderlicher, als unsere schuster für ihre leistungen schlecht gezahlt werden. Das publikum drückt die preise immer mehr und mehr, und das manko wird, wenn der gewerbsmann nicht zugrunde gehen will, in den schuhen selbst ausgeglichen werden müssen. Oh glaubt ja nicht, dass es dem schuster freude macht, schlecht zu arbeiten! Aber ihr zwingt ihn dazu. Er träumt von dem besten leder, der besten arbeit. Wie gern möchte er einen tag länger bei den schuhen verweilen. Wie ungern zwingt er seine gehilfen, schneller zu arbeiten, wohl wissend, dass dadurch manche schlamperei ungerügt bleiben muss. Aber das leben ist unerbittlich. Er muss, muss und muss die schuhe um diesen preis fertigstellen, und daher entschließt er sich schweren herzens, den guten, aber langsamen gehilfen zu entlassen und beim rohmaterial zu sparen. Schon beim zwirn muss angefangen werden. Ihr aber, denen es ein besonderes vergnügen macht, euren schuster wieder um einen gulden gedrückt zu haben, ihr, die ihr doch diesen gulden mit leichtigkeit für einen besseren fauteuil im theater ausgebt, sobald eure gewohnten sitze vergriffen sind, ihr seid die ärgsten feinde unseres gewerbestandes! Das handeln und feilschen und drücken wirkt demoralisierend auf produzent und konsument.

Und trotzdem so gute schuhe. Unsere schuhmacher sind eben tüchtige menschen. Es steckt viel geist und individualität in ihnen. Es ist kein zufall, dass der größte dichter, den uns das handwerk geschenkt hat, und sein größter philosoph schuster waren. Und wieviel Hans Sachse und Jakob Böhmes saßen und sitzen noch auf dem schusterschemel, die ähnlich gefühlt und gedacht, aber nie geschrieben haben. Vielleicht hat das deutsche volk deswegen so gute schuster, weil jedem tüchtigen, individuellen, daher nach der meinung der eltern schlechten buben warnend zugerufen wird: »Wenn du nicht folgst, kommst du zu einem schuster in die lehr«. Und manchmal wirds wahr gemacht.

Weniger lobenswert sind unsere schuhträger. Im letzten aufsatze wurde erwähnt, dass sich der schuster an die fußform der herrschenden gesellschaftsklasse halten muss. Für die passen dann die schuhe. Aber leute, die solche füße nicht haben, verlangen von ihrem schuster dieselbe form. Die folgen sind die zahlreichen verkrüppelten füße, die man nur bei leuten treffen kann, die der herrschenden gesellschaftsklasse nicht angehören. Für deren eitelkeit wird aber der schuhmacher verantwortlich gemacht. Der niedere preis gestattet ihm nicht, einen eigenen leisten für den kunden anzufertigen, und daher kann er, wenn auch ein alter leisten durch das auflegen angepasst werden könnte, die genaue richtung des schuhes, von der das gleichmäßige austreten abhängig ist, nicht erreichen. Diese genaue richtung der fußsohle – wohl eines der schwierigsten probleme der schuhmacherei – wird nicht nur vom grundriss des fußes, sondern größtenteils vom gange und von den gewohnheiten des trägers bestimmt.

Schuhmacher, die teuere schuhe liefern, haben leider einen kleineren verdienst als solche, die von vorneherein darauf ausgehen, minderwertige ware herzustellen. Nehmen wir zum beispiele den achtzehn-gulden-schuster und den sechs-gulden-schuster. Jener lässt einen leisten schneiden, der, mit seiner eigenen arbeit gerechnet, sechs gulden kostet, lässt die oberteile von einem gehilfen anfertigen, dem er, seiner vorzüglichen arbeit wegen, drei gulden taglohn bezahlt, und verbraucht für die oberteile drei gulden an material. Der sechs-gulden-schuster nimmt einen alten leisten und bezieht die oberteile um zirka zwei gulden fertig aus der fabrik. Auf diese weise wendet jener sechsundsechzig perzent, dieser dreiunddreißig perzent des ganzen preises für die schuhe auf. Aber auch für die konservierung des schuhwerkes wird zuwenig getan. Man sucht die kosten guter hölzer zu sparen und verbraucht daher mehr schuhwerk als jene leute, die ihre schuhe nachts über hölzer spannen.

Die ausstellung zeigt uns, seitdem die »unsittlichen« schuhe verbannt wurden, nur tüchtiges schuhwerk. Dass es erst der unsittlichkeitserklärung bedurft hatte, schuhe zu entfernen, die keinen anderen zweck haben als den, die blicke der beschauer auf sich zu lenken, ist bedauerlich. Viel würdiger für den ganzen stand wäre es gewesen, wenn man diese schuhe ihrer unbrauchbarkeit wegen gleich von allem anfange an zurückgewiesen hätte. Wir wollen sehen, was unsere schuhmacher leisten können, ehrliche, tüchtige schusterarbeit, nicht, wie sie reklame machen können. Eine ausstellung sei ein fest der arbeit und nicht der reklame. Doch halt! Das schicksal der »unsittlichen« schuhe verdienen auch drei paar, die wie straßenschuhe gearbeitet sind, grüne peluchesohlen haben, und von denen ein paar sogar mit golddruck, nach der art alter bucheinbände, versehen ist.

Wir können beruhigt sein. Wir in Österreich werden mit gutem schuhwerk in das kommende jahrhundert treten. Und gutes schuhwerk wird im nächsten jahrhundert nötig sein, denn das wird marschieren. Mit prophetischem blick hat Walt Whitman, der amerikaner, der größte dichter, den die germanen seit Goethe hervorgebracht haben, dieses jahrhundert gesehen. Er singt:

Stehen sie still, die alten rassen?
Fallen sie? Ist aus die lehre? Sind sie müde jenseits der see?
Nun der große ruf wird unser, und die last, und auch die lehre,
Pioniere! Pioniere!

Wenig kümmert uns vergangnes.
Unsre welt ist neuer, größer, wechselvoller unsre welt.
Frisch und stark ergreifen wir sie, welt der arbeit und des marsches,
Pioniere! Pioniere!

Nein, wir stehen nicht still, alter Walt Whitman. Noch fließt in uns das alte, marschbereite germanenblut. Wir werden das unsrige dazu beitragen, die stehende und sitzende welt umzuwandeln in eine welt der arbeit und des marsches.

DIE BAUMATERIALIEN

(28. august 1898)

Was ist mehr wert, ein kilo stein oder ein kilo gold? Die frage erscheint wohl lächerlich. Aber nur für den kaufmann. Der künstler wird antworten: Für mich sind alle materialien gleich wertvoll.

Die Venus von Milo wäre gleich wertvoll, ob sie nun aus schotterstein — in Paros werden die straßen mit parischem marmor geschottert — oder aus gold bestünde. Die Sixtinische Madonna würde keinen kreuzer teurer zu stehen kommen, wenn Raffael auch einige pfund gold in die farben gemischt hätte. Ein kaufmann, der daran denken müsste, die goldene Venus im bedarfsfalle einzuschmelzen oder die Sixtinische Madonna abzuschaben, wird freilich anders rechnen müssen.

Der künstler hat nur einen ehrgeiz: das material in einer weise zu beherrschen, die seine arbeit von dem werte des rohmaterials unabhängig macht. Unsere baukünstler aber kennen diesen ehrgeiz nicht. Für sie ist ein quadratmeter mauerfläche aus granit wertvoller als einer aus mörtel.

Der granit ist aber an und für sich wertlos. Draußen auf dem felde liegt er, jedermann kann ihn an sich nehmen. Oder er bildet ganze berge, ganze gebirge, die man nur abzugraben braucht. Man schottert mit ihm die straßen, man pflastert mit ihm die städte. Es ist der gemeinste stein, das gewöhnlichste material, das uns bekannt ist. Und doch soll es leute geben, die ihn für unser wertvollstes baumaterial halten.

Diese leute sagen material und meinen arbeit. Menschliche arbeitskraft, kunstfertigkeit und kunst. Denn der granit verlangt viel arbeit, um ihn dem berge zu entreißen, viel arbeit, ihn nach seinem bestimmungsort zu bringen, arbeit, ihm die richtige form zu geben, arbeit, ihm durch schleifen und polieren das gefällige aussehen zu verleihen. Vor der polierten granitwand wird unser herz dann in ehrfurchtsvollem schauer erbeben. Vor dem material? Nein, vor der menschlichen arbeit. Also wäre der granit doch wertvoller als der mörtel? Das ist damit noch nicht gesagt. Denn eine wand mit einer stuckdekoration von der hand Michelangelos wird auch die bestpolierte granitmauer in den schatten stellen. Nicht nur die quantität, sondern auch die qualität der arbeitsleistung ist für den wert eines gegenstandes mitbestimmend.

Wir leben in einer zeit, die der quantität der arbeit den vorzug gibt. Denn die lässt sich leicht kontrollieren, ist für jedermann sofort auffällig und erfordert keinen geübten blick oder sonstige kenntnisse. Da gibt es keine irrtümer. Soundsoviel taglöhner haben soundsoviel stunden zu soundsoviel kreuzern an einer sache gearbeitet. Das kann sich jedermann ausrechnen. Und man will jedermann den wert der dinge, mit denen man sich umgibt, leicht verständlich machen. Sonst hätten sie ja keinen zweck. Da müssen dann jene stoffe angesehener sein, die eine längere arbeitszeit erfordern.

Das war nicht immer so. Früher baute man mit den materialien, die einem am leichtesten erreichbar waren. In manchen gegenden mit backstein, in manchen mit stein, in manchen wurde die mauer mit mörtel überzogen. Die so bauten, kamen sich wohl neben den steinarchitekten nicht ganz vollwertig vor? Ja weshalb denn? So etwas fiel niemandem ein. Hätte man steinbrüche in der nähe gehabt, so hätte man eben mit stein gebaut. Aber von weither steine zum bau zu bringen, schien mehr eine frage des geldes als eine frage der kunst. Und früher galt die kunst, die qualität der arbeit, mehr als heutzutage.

Solche zeiten haben auch auf dem gebiete der baukunst stolze kraftnaturen hervorgebracht. Fischer von Erlach brauchte keinen granit, um sich verständlich zu machen. Aus lehm, kalk und sand schuf er werke, die uns so mächtig ergreifen wie die besten bauwerke aus den schwer zu bearbeitenden materialien. Sein geist, seine künstlerschaft beherrschten den elendsten stoff. Er war imstande, dem plebejischen staube den adel der kunst zu verleihen. Ein könig im reiche der materialien.

Gegenwärtig aber herrscht nicht der künstler, sondern der taglöhner, nicht der schöpferische gedanke, sondern die arbeitszeit. Und auch dem taglöhner wird schrittweise die herrschaft aus den händen gewunden, denn es hat sich etwas eingefunden, das quantitative arbeitsleistung besser und billiger herstellt, die maschine.

Aber jede arbeitszeit, ob die der maschine oder die des kuli, kostet geld. Wenn man aber kein geld hat? Dann beginnt man, die arbeitszeit zu erheucheln, das material zu imitieren.

Die ehrfurcht vor der quantität der arbeit ist der fürchterlichste feind, den der gewerbestand besitzt. Denn sie hat die imitation zur folge. Die imitation aber hat einen großen teil unseres gewerbes demoralisiert. Aller stolz, aller handwerksgeist ist aus ihm gewichen. »Buchdrucker, was kannst du?« — »Ich kann so drucken, dass man es für lithographiert hält.« — »Und lithograph, was kannst du?« — »Ich kann lithographieren wie gedruckt.« — »Tischler, was kannst du?« — ,»Ich kann ornamente schnitzen, die so flott aussehen, als hätte sie der stukkateur gemacht.« — »Stukkateur, was kannst du?« — »Ich imitiere gesimse und ornamente genau und mache haarfugen, die jeder für echt hält, so dass alles wie die beste steinmetzarbeit aussieht.« — »Das kann ich auch!« ruft stolz der klempner, »wenn man meine ornamente streicht und sandelt, so kann niemand auf den gedanken kommen, dass sie aus blech sind.« — Traurige gesellschaft!

Es geht ein geist der selbstentwürdigung durch unser gewerbe. Man wundere sich nicht, dass es diesem stand nicht gut geht. Solchen leuten soll es gar nicht gut gehen. Tischler, sei stolz, dass du ein tischler bist! Der stukkateur macht ornamente. Neidlos und wunschlos sollst du an ihm vorbeigehen. Und du, stukkateur, was geht dich der steinmetz an? Der steinmetz macht fugen, muss leider fugen machen, weil kleine steine billiger zu stehen kommen als große. Sei stolz darauf, dass deine arbeit die kleinlichen fugen, die säule, ornament und mauer zerschneiden, nicht aufweist, sei stolz auf deinen beruf, sei froh, kein steinmetz zu sein!

Aber ich rede in den wind. Das publikum will keinen stolzen handwerker. Denn je besser einer imitieren kann, desto mehr wird er vom publikum unterstützt. Die ehrfurcht vor den teueren materialien, das sicherste zeichen für das parvenüstadium, in dem sich unser volk befindet, erlaubt es nicht anders. Der parvenü findet es beschämend, sich nicht mit diamanten schmücken, beschämend, kein pelzwerk tragen, beschämend, nicht im steinpalast wohnen zu können, seitdem er in erfahrung gebracht hat, dass diamanten, pelzwerk und steinfassaden viel geld kosten. Dass das fehlen von diamanten, pelzwerk oder steinfassaden auf die vornehmheit keinen einfluss hat, ist ihm unbekannt. Er greift daher, da es ihm an geld gebricht, zu surrogaten. Ein lächerliches unterfangen. Denn die, die er betrügen will, die, deren mittel es erlauben würden, sich mit diamanten, pelzwerk und steinfassaden zu umgeben, können nicht getäuscht werden. Die finden solche anstrengungen komisch. Und für die unter ihm stehenden sind sie wieder unnötig, wenn er sich seiner überlegenheit sowieso bewusst ist.

In den letzten jahrzehnten hat die imitation das gesamte bauwesen beherrscht. Die tapete ist aus papier, aber das durfte sie beileibe nicht zeigen. Seidendamast-, gobelin- oder teppichmuster musste sie daher erhalten. Die türen und fenster sind aus weichem holz. Da aber hartes holz teurer ist, mussten sie wie solches gestrichen werden. Das eisen musste durch bronze- oder kupferanstrich diese metalle imitieren. Dem zementguss aber, einer errungenschaft dieses jahrhunderts, stand man vollständig hilflos gegenüber. Da an und für sich zement ein prachtvolles material ist, hatte man nur einen gedanken bei seiner verwertung, einen gedanken, den man jedem neuen stoff zuerst entgegenbringt: Was kann man mit ihm imitieren? Man gebrauchte ihn als surrogat für stein. Und da der zementguss so außerordentlich billig ist, trieb man recht parvenümäßig die weitestgehende verschwendung. Eine wahre zementseuche ergriff das jahrhundert. »Ach, lieber herr architekt, können sie nicht noch um fünf gulden kunst mehr auf die fassade bringen?« sagte da wohl der eitle bauherr. Und der architekt nagelte so viel gulden kunst auf die fassade, als von ihm verlangt wurde, und manchmal etwas darüber.

Gegenwärtig wird der zementguss zur imitation von stukkateurarbeiten verwendet. Bezeichnend für unsere wiener verhältnisse ist es, dass ich, der ich gegen die vergewaltigung der materialien, gegen die imitation energisch front machte, mit der bezeichnung materialist abgefertigt wurde. Man beobachte nur den sophismus: so nannten mich die leute, die dem material einen solchen wert beilegen, dass sie seinetwegen vor keiner charakterlosigkeit zurückschrecken und zu surrogaten greifen. Die engländer haben uns ihre tapeten herübergebracht. Ganze häuser konnten sie leider nicht herüberschicken. Aber an den tapeten sehen wir schon, was die engländer wollen. Das sind tapeten, die sich nicht schämen, aus papier zu sein. Warum auch? Es gibt gewisse wandverkleidungen, die mehr kosten. Aber der engländer ist kein parvenü. In seiner wohnung wird man nie auf den gedanken kommen, dass das geld nicht gereicht hat. Auch seine kleiderstoffe sind aus schafwolle und bringen dies ehrlich zur schau.

Würde die führung in der kleidung den wienern überlassen, so würde die schafwolle wie samt und atlas gewebt werden. Die englischen kleiderstoffe, also unsere kleiderstoffe, zeigen nie das wienerische: »i möcht gern, aber i kann nöt«, obwohl sie nur aus wolle bestehen.

Und so wären wir denn bei einem kapitel angelangt, das in der architektur die wichtigste rolle spielt, bei dem prinzipe, welches das abc jedes architekten bilden sollte, dem prinzipe der bekleidung. Die erläuterung dieses prinzips sei dem nächsten artikel vorbehalten.

DAS PRINZIP DER BEKLEIDUNG

(4. september 1898)

Sind für den künstler alle materialien auch gleich wertvoll, so sind sie doch nicht für alle seine zwecke gleich tauglich. Die erforderliche festigkeit, die notwendige konstruktion verlangen oft materialien, die mit dem eigentlichen zwecke des gebäudes nicht im einklang stehen. Der architekt hat etwa die aufgabe, einen warmen, wohnlichen raum herzustellen. Warm und wohnlich sind teppiche. Er beschließt daher, einen teppich auf den fußboden auszubreiten und vier aufzuhängen, welche die vier wände bilden sollen. Aber aus teppichen kann man kein haus bauen. Sowohl der fußteppich wie der wandteppich erfordern ein konstruktives gerüst, das sie in der richtigen lage erhält. Dieses gerüst zu erfinden, ist die zweite aufgabe des architekten.

Das ist der richtige, logische weg, der in der baukunst eingeschlagen werden soll. So, in dieser reihenfolge, hat die menschheit auch bauen gelernt. Im anfange war die bekleidung. Der mensch suchte schutz vor den unbilden des wetters, schutz und wärme während des schlafes. Er suchte sich zu bedecken. Die decke ist das älteste architekturdetail. Ursprünglich bestand sie aus fellen oder erzeugnissen der textilkunst. Diese bedeutung des wortes kennt man noch heute in den germanischen sprachen. Die decke musste irgendwo angebracht werden, sollte sie genügend schutz für eine familie bieten! Daher kamen die wände dazu, die zugleich seitlichen schutz boten. Und so entwickelte sich der bauliche gedanke sowohl in der menschheit als auch im individuum. Es gibt architekten, die das anders machen. Ihre phantasie bildet nicht räume, sondern mauerkörper. Was die mauerkörper übrig lassen, sind dann die räume. Und für diese räume wird nachträglich die bekleidungsart gewählt, die dem architekten passend erscheint.

Der künstler aber, der architekt, fühlt zuerst die wirkung, die er hervorzubringen gedenkt, und sieht dann mit seinem geistigen auge die räume, die er schaffen will. Die wirkung, die er auf den beschauer ausüben will, sei es nun angst oder schrecken, wie beim kerker; gottesfurcht, wie bei der kirche; ehrfurcht vor der staatsgewalt, wie beim regierungspalast; pietät, wie beim grabmal; heimgefühl, wie beim wohnhause; fröhlichkeit, wie in der trinkstube — diese wirkung wird hervorgerufen durch das material und durch die form.

Ein jedes material hat seine eigene formensprache, und keines kann die formen eines anderen materials für sich in anspruch nehmen. Denn die formen haben sich aus der verwendbarkeit und herstellungsweise eines jeden materials gebildet, sie sind mit dem material und durch das material geworden. Kein material gestattet einen eingriff in seinen formenkreis. Wer einen solchen eingriff dennoch wagt, den brandmarkt die welt als fälscher. Die kunst hat aber mit fälschung, mit lüge nichts zu tun. Ihre wege sind zwar dornenvoll, aber rein.

Den Stefansturm kann man wohl in zement gießen und irgendwo aufstellen — er ist aber dann kein kunstwerk. Und was vom Stefansturm gilt, gilt auch vom palazzo Pitti, und was vom palazzo Pitti gilt, gilt auch vom palazzo Farnese. Und mit diesem bauwerke wären wir mitten drin in unserer ringstraßenarchitektur. Eine traurige zeit für die kunst, eine traurige zeit für die wenigen künstler unter den damaligen architekten, die gezwungen wurden, ihre kunst dem pöbel zuliebe zu prostituieren. Nur wenigen war es vergönnt, durchwegs bauherren zu finden, die groß genug dachten, den künstler gewähren zu lassen. Am glücklichsten war wohl Schmidt. Ihm zunächst kam Hansen, der, wenns ihm schlecht ging, im terracottabau trost suchte. Fürchterliche qualen muss wohl der arme Ferstel ausgestanden haben, den man in letzter minute zwang, seiner universität ganze fassadenteile in zementguss anzunageln. Die übrigen architekten dieser epoche wussten sich, mit wenigen ausnahmen, von gefühlsduseleien wie diesen qualen frei.

Ist es anders geworden? Man erlasse mir die beantwortung dieser frage. Noch herrschen imitation und surrogatkunst in der architektur. Ja, noch mehr. In den letzten jahren haben sich sogar leute gefunden, die sich zu verteidigern dieser richtung hergaben — einer allerdings anonym, da ihm die sache nicht reinlich genug erschien —, sodass der surrogatarchitekt nun nicht mehr nötig hat, klein beiseite zu stehen. Jetzt nagelt man schon die konstruktion mit aplomb auf die fassade und hängt die »tragsteine« mit künstlerischer berechtigung unter das hauptgesims. Nur herbei, ihr herolde der imitation, ihr verfertiger von aufpatronierten intarsien, von verpfusche-dein-heim-fenstern und papiermachéhumpen! In Wien erblüht euch ein neuer frühling, der boden ist frisch gedüngt!

Aber ist der wohnraum, der ganz mit teppichen ausgelegt ist, keine imitation? Die wände sind ja nicht aus teppichen erbaut! Gewiss nicht. Aber diese teppiche wollen nur teppiche sein und keine mauersteine, sie wollen nie für solche gehalten werden, imitieren sie weder durch farbe noch muster, sondern bringen ihre bedeutung als bekleidung der mauerfläche klar zutage. Sie erfüllen ihren zweck nach dem prinzipe der bekleidung.

Wie schon eingangs erwähnt, ist die bekleidung älter als die konstruktion. Die gründe für die bekleidung sind mannigfacher art. Bald ist sie schutz gegen die unbill des wetters, wie der ölfarbenanstrich auf holz, eisen oder stein, bald hat sie hygienische gründe, wie bei den glasierten steinen in der toilette zur bedeckung der mauerfläche, bald ist sie mittel zu einer bestimmten wirkung, wie die farbige bemalung der statuen, das tapezieren der wände, das fournieren des holzes. Das prinzip der bekleidung, das zuerst von Semper ausgesprochen wurde, erstreckt sich auch auf die natur. Der mensch ist mit einer haut, der baum mit einer rinde bekleidet. Aus diesem prinzip der bekleidung stelle ich aber auch ein ganz bestimmtes gesetz auf, das ich das gesetz der bekleidung nenne. Man erschrecke nicht. Gesetze, so heißt es gewöhnlich, machen jeder entwicklung ein ende. Und dann sind ja die alten meister auch ganz gut ohne gesetze ausgekommen. Gewiss. Wo der diebstahl eine unbekannte sache ist, wäre es müßig, auf ihn bezügliche gesetze aufzustellen. Als die materialien, die zur bekleidung verwendet werden, noch nicht imitiert wurden, hatte man keine gesetze nötig. Nun aber scheint es mir hoch an der zeit zu sein.

Das gesetz lautet also: Es muss so gearbeitet werden, dass eine verwechslung des bekleideten materials mit der bekleidung ausgeschlossen ist. Das heißt: holz darf mit jeder farbe angestrichen werden, nur mit einer nicht — der holzfarbe. In einer stadt, deren ausstellungskommission beschloss, alles holz in der rotunde »wie mahagoni« anzustreichen, in einer stadt, in der das fladern der einzige anstrichdekor des holzes ist, ist dieser satz sehr gewagt. Es scheint hier leute zu geben, die dergleichen für vornehm halten. Da die eisenbahn- und trambahnwagen, wie der gesamte wagenbau, aus England stammen, so sind sie die einzigen hölzernen objekte, die absolute farben zur schau tragen. Ich wage nun zu behaupten, dass ein solcher wagen — besonders einer der elektrischen linie — mir in seinen absoluten farben besser gefällt, als wenn er, nach dem schönheitsprinzipe der ausstellungskommission, »wie mahagoni« gestrichen wäre.

Aber auch in unserem volke schlummert, allerdings verscharrt und vergraben, das wahre gefühl für vornehmheit. Sonst könnte die bahnverwaltung nicht mit dem umstande rechnen, dass die braune, also in der holzfarbe gestrichene dritte klasse das gefühl von weniger vornehmheit wachruft als die grüne zweite und erste.

Auf drastische art habe ich einst einem kollegen dieses unbewusste gefühl nachgewiesen. In einem hause befanden sich im ersten stockwerk zwei wohnungen. Der mieter der einen wohnung hatte auf seine kosten die fensterkreuze, die braun gefleckt gewesen waren, weiß streichen lassen.

Wir schlossen eine wette ab, der zufolge wir eine bestimmte anzahl von personen vor das haus führten und sie, ohne auf den unterschied in den fenster kreuzen aufmerksam zu machen, fragten, auf welcher seite ihrem gefühle nach der herr Pluntzengruber und auf welcher Seite der fürst Liechtenstein wohne, zwei parteien, die wir uns in das haus einzumieten erlaubten. Einstimmig wurde von allen hinzugeführten die holzgefladerte seite für die Pluntzengruberische erklärt. Mein kollege streicht seither nur mehr weiß.

Die holzfladerei ist natürlich eine erfindung unseres jahrhunderts. Das mittelalter strich das holz vorwiegend grellrot, die renaissance blau, das barock und das rokoko im innern weiß, außen grün. Unsere bauern haben sich noch so viel gesunden sinn bewahrt, dass sie in absoluten farben streichen. Wie reizend wirken nicht auf dem lande das grüne tor und der grüne zaun, die grünen jalousien zu der weißen, frisch getünchten wand. Leider hat man sich schon in einigen ortschaften den geschmack unserer ausstellungskommission angeeignet.

Man wird sich noch der moralischen entrüstung erinnern, die im surrogat-kunstgewerbelager entstand, als die ersten in ölfarbe gestrichenen möbel aus England nach Wien kamen. Nicht gegen den anstrich wendete sich die wut dieser braven. Hatte man doch auch in Wien, sofern weiches holz verwendet wurde, mit ölfarbe gestrichen. Dass aber die englischen möbel wagten, ihre ölfarbe so frank und frei zur schau zu tragen, statt hartes holz zu imitieren, brachte diese sonderbaren heiligen in harnisch. Man verdrehte die augen und tat so, als ob man die ölfarbe überhaupt noch nie angewendet hätte. Vermutlich sind die herren der meinung, dass man ihre gefladerten möbel und bauarbeiten bisher für aus hartem holz gemacht angesehen hat.

Wenn ich mit solchen anschauungen aus der ausstellung der anstreicher keine namen nenne, glaube ich des dankes dieser genossenschaft sicher zu sein.

Auf die stukkateure angewendet, würde das prinzip der bekleidung lauten: Der stuck kann jedes ornament erhalten, nur eines nicht — das des ziegelrohbaus. Man sollte glauben, dass das aussprechen einer solchen selbstverständlichkeit unnötig sei, aber erst neulich hat man mich auf ein bauwerk aufmerksam gemacht, dessen geputzte wand rot gefärbelt und mit weißen fugen versehen wurde. Auch die so beliebte küchendekoration, die steinquadern imitiert, gehört hierher. Überhaupt dürfen alle materialien, die zur wandverkleidung dienen, also tapeten, wachstuch, stoffe und teppiche, nicht ziegel und steinquadern vorzustellen trachten. Man wird nun auch verstehen, warum die trikotbekleideten beine unserer tänzerinnen so unästhetisch wirken. Gewirkte wäsche darf in jeder farbe gefärbt werden, nur nicht fleischfarben.

Ein bekleidendes material kann seine natürliche farbe behalten, wenn das gedeckte material dieselbe farbe aufweist. So kann ich schwarzes eisen mit teer bestreichen, ich kann holz mit einem andern holz bedecken (fournieren, marquetieren und so weiter), ohne das bedeckende holz färben zu müssen; ich kann ein metall mit einem andern metall durch feuer oder galvanisch überziehen. Doch verbietet es das prinzip der bekleidung, durch einen farbstoff das darunter befindliche material nachzuahmen. Daher kann eisen wohl geteert, mit ölfarbe gestrichen oder galvanisch überzogen, nie aber mit bronzefarbe, also einer metallfarbe, verdeckt werden.

Hier verdienen auch die chamotte- und kunststeinplatten erwähnung, von denen die einen das terrazzopflaster (mosaik), die andern persische teppiche imitieren. Gewiss finden sich leute, die die platten dafür halten – die fabrikanten müssen ja ihr publikum kennen.

Doch nein, ihr imitatoren und surrogatarchitekten, ihr irrt euch! Die menschliche seele ist etwas zu hohes und erhabenes, als dass ihr sie durch eure mittel und mittelchen hinters licht führen könntet. Unseren armseligen körper habt ihr allerdings in eurer gewalt. Nur fünf sinne stehen ihm zu gebote, echt von unecht zu unterscheiden. Und dort, wo der mensch mit seinen sinnesorganen nicht mehr hinreicht, dort beginnt so recht eure domäne, dort ist euer reich. Aber selbst hier – nochmals, ihr irrt euch! Malt auf die holzdecke, recht, recht hoch, die besten intarsien – die armen augen werden es vielleicht auf treu und glauben hinnehmen müssen. Aber die göttliche psyche glaubt euch euren schwindel nicht. Sie fühlt in den besten »wie eingelegt« gemalten intarsien doch nur ölfarbe.

WÄSCHE

(25. september 1893)

Neulich geriet ich mit einem bekannten in streit. Was ich über kunstgewerbliche fragen schrieb, wollte er gelten lassen. Aber die mode- und bekleidungsaufsätze gingen ihm gegen den strich. Er warf mir vor, dass ich die ganze welt uniformieren wolle. »Was soll denn dann aus unseren herrlichen nationaltrachten werden!«

Hier wurde er poetisch. Er gedachte seiner kindheit, gedachte der herrlichen sonntage in Linz, gedachte des landvolkes, das festlich geschmückt sich zum kirchgang versammelt hatte. Wie prächtig, wie schön, wie malerisch! Wie ist das nun alles anders geworden! Nur die alten leute hielten an der alten tracht fest. Die jungen aber äfften schon den stadtleuten nach. Man möge lieber das volk für die alte tracht wieder zu gewinnen suchen. Das wäre die aufgabe eines kulturliteraten.

»Also diese alte tracht hat ihnen gefallen?« warf ich ein. — »Gewiss.« — »Und sie wünschen daher, dass diese tracht für ewige zeit erhalten bleibe?« — »Das ist mein sehnlichster wunsch!«

Nun hatte ich ihn, wo ich ihn haben wollte. »Wissen sie,« sprach ich zu ihm, »dass sie ein ganz gemeiner, egoistischer mensch sind? Wissen sie, dass sie einen ganzen stand, einen großen herrlichen stand, unseren bauernstand, ausschließen wollen von allen segnungen der kultur? Und warum? Damit ihr auge, sobald sie sich aufs land begeben, malerisch gekitzelt werde! Warum laufen sie denn nicht so herum? Ah, sie möchten sich schönstens bedanken. Aber sie verlangen von anderen menschen, dass sie ihnen zuliebe in der landschaft staffage spielen, um ihr trunkenes literatenauge nicht zu beleidigen. Ja, stellen sie sich doch einmal hin und machen sie einmal den wurstl für den herrn kommerzienrat, der unverfälschte alpen genießen will. Der bauer hat eine höhere mission zu erfüllen, als die berge für die sommerfrischler stilvoll zu bevölkern. Der bauer — der spruch ist schon bald hundert jahre alt — ist kein spielzeug!«

Auch ich gebe zu, dass mir die alten trachten sehr gut gefallen. Das gibt mir aber noch kein recht, von meinem nebenmenschen zu verlangen, sie meinetwegen anzulegen. Die tracht, die in einer bestimmten form erstarrte kleidung, die sich nicht mehr weiterentwickelt, ist immer das zeichen, dass ihr träger es aufgegeben hat, seinen zustand zu verändern. Die tracht ist das symbol der resignation. Sie sagt: Mein träger muss es aufgeben, sich im kampfe um das dasein eine bessere stellung erobern zu wollen, er muss es aufgeben, sich weiter zu entwickeln. Als der bauer noch frisch und fröhlich kämpfte, als er von den grünsten hoffnungen erfüllt war, da wäre es ihm nicht im traume eingefallen, denselben rock anzuziehen, den sein großvater getragen hatte. Das mittelalter, die bauernkriege, die renaissance kennen kein starres festhalten an den kleidungsformen. Der unterschied zwischen der kleidung des städters und der des bauern wurde nur durch die verschiedene lebensführung bedingt. Städter und bauer verhielten sich damals zueinander wie heute städter und farmer.

Da verlor der bauer seine selbständigkeit. Er wurde zum leibeigenen. Leibeigener musste er bleiben, er und seine kindeskinder. Wozu sollte er sich da anstrengen, sich durch sein kleid über seine umgebung zu erheben, also eine änderung in seiner kleidung herbeizuführen? Es nützte ja doch nichts. Der bauernstand wurde zur kaste, dem bauern jede hoffnung abgeschnitten, diese kaste zu verlassen. Völker, die sich in kasten gesondert haben, haben alle diesen zug gemeinsam, das starre, jahrtausendelange festhalten an der tracht.

Dann wurde der bauer frei. Aber nur äußerlich. Innerlich fühlte er sich doch noch dem städter gegenüber minderwertig. Der war der herr. Die jahrhundertelange knechtschaft lag dem bauern noch zu sehr in den gliedern.

Nun aber kommt eine neue generation. Die hat der tracht den krieg erklärt. Dabei hat sie einen guten verbündeten, die dreschmaschine. Wo diese einmal ihren einzug hält, ist es für immer mit dem malerischen plunder vorbei. Der geht nun dahin, wo er hingehört: in die maskenleihanstalt.

Das sind herzlose worte. Sie müssen aber ausgesprochen werden, weil sich in Österreich aus falscher sentimentalität sogar vereine gebildet haben, die bestrebt sind, dem bauern das brandmal seiner knechtschaft zu erhalten. Und doch wären vereine, die den umgekehrten weg einschlügen, viel notwendiger. Denn von der kleidung, wie sie die großen kulturvölker tragen, sind auch wir städter noch weit entfernt. Äußerlich sehen wir ja ganz passabel aus. Da können wir es schon mit den anderen aufnehmen. Wir können es, wenn wir uns von einem ersten wiener schneider anziehen lassen, zuwege bringen, auf londoner, new-yorker und pekinger pflaster für zivilisierte europäer gehalten zu werden. Wehe uns aber, wenn von uns die bekleidung stück für stück abfiele und wir in der wäsche dastünden! Da würde man gewahr werden, dass wir unsere europäische kleidung nur wie eine maske anlegen. Denn unter ihr tragen wir noch die nationale tracht.

Aber: entweder — oder. Wir müssen uns entschließen. Entweder wir haben den mut der überzeugung, uns von der übrigen menschheit abzusondern, und legen eine nationaltracht an. Oder wir halten uns an die übrige menschheit und kleiden uns wie diese. Nur äußerlich aber den modernen kulturmenschen spielen und mit den kleidungsstücken, die dem fremden blicke erreichbar sind, vortäuschen zu wollen, das ist gewiss nicht vornehm. Während uns in der oberkleidung eine ganze welt vom landmann trennt, unterscheidet sich unsere unterkleidung, unsere wäsche in nichts von der des bauern. In Budapest trägt man dieselben unterhosen wie sie der csikos, in Wien dieselben, wie sie der niederösterreichische bauer trägt. Was ist es nun, das uns in der wäsche so sehr von den übrigen kulturvölkern trennt?

Es ist die tatsache, dass wir um mindestens fünfzig jahre hinter dem stadium zurückstehen, in dem sich England gegenwärtig befindet, das der gewirkten wäsche gegen die gewebte wäsche den sieg erkämpft hat. In der oberkleidung haben wir ja im laufe dieses jahrhunderts keine großen umwälzungen zu verzeichnen. Umso einschneidender sind sie in der unterkleidung. Vor hundert jahren noch hüllte man sich ganz in leinwand. Im laufe dieses jahrhunderts aber ist man schrittweise darangegangen, dem wirkwarenerzeuger wieder sein gebiet zurückzuerstatten. Schrittweise ging man vor, das heißt von körperteil zu körperteil. Man begann mit den füßen, und dann ging es aufwärts. Gegenwärtig gehört der arbeit des wirkers der ganze unterkörper, während sich der oberkörper noch gefallen lassen muss, dass das trikothemd durch ein leinwandhemd ersetzt wird. Man begann mit den füßen. In diesem punkte sind wir nun auch nachgekommen. Auch wir tragen keine fußlappen mehr, sondern strümpfe. Aber wir tragen noch leinwandunterhosen, einen artikel, der in England und Amerika schon ausgestorben ist.

Wenn ein mann aus den Balkanstaaten, wo man noch immer fußlappen trägt, nach Wien käme und eine wäschehandlung aufsuchte, um seine landesübliche fußbekleidung zu kaufen, würde ihm die für ihn unfassbare mitteilung gemacht werden, dass man fußlappen nicht zu kaufen bekommt. Auf bestellung könne er sie allerdings haben. »Ja, was tragen denn die menschen hier?« — »Fußsocken.« — »Fußsocken? Das ist ja sehr unbequem. Und im sommer zu heiß. Trägt denn niemand mehr fußlappen?« — »O ja, die ganz alten leute. Aber die jungen finden fußlappen unbequem.« Der gute mann aus den Balkanstaaten entschließt sich also schweren herzens, einen versuch mit den socken zu machen. Damit hat er eine neue staffel der menschlichen kultur erreicht.

Philippopel verhält sich zu Wien wie Wien zu New York. Versuchen wir dort daher — nicht fußlappen, man würde uns gar nicht verstehen — sondern leinwandunterhosen einzukaufen. Ich muss den leser schon bitten, das vorhergehende gespräch noch einmal zu lesen und dafür die worte »mann aus den Balkanstaaten« in »wiener« und »fußlappen« in »leinwandunterhosen« umzuwandeln. Denn genau so würde sich das gespräch abwickeln. Ich spreche aus eigener erfahrung. Man hat so das originalgespräch gewonnen, das durch die fußlappen nur für wiener verhältnisse verständlich gemacht wurde.

Wer die gewebten stoffe bequemer findet als die gewirkten, möge sie nur immer tragen. Denn es wäre ein unsinn, menschen eine kulturform aufzuoktroyieren, die ihrem innersten wesen nicht entspricht. Tatsache ist, dass dem menschen auf der höhe der kultur die leinwand unbequem wird. Wir müssen also abwarten, bis uns österreichern auch die leinwand unbequem zu werden beginnt. Die zunehmende ausbreitung der leibesübungen, des sports, der aus England kommt, hat die abneigung gegen leinwandwäsche zur folge. Die gestärkte hemdbrust, kragen und manschetten sind dem sport übrigens auch hinderlich. Die ungestärkte hemdbrust ist die vorläuferin des ungestärkten kragens. Beide haben nur die aufgabe, dem trikothemd und dem flanellhemd die wege zu ebnen.

Die trikotwäsche bedeutet allerdings eine große gefahr. Eigentlich ist sie nur für leute bestimmt, die sich um des reinseins willen waschen. Viele deutsche aber erblicken im anlegen der gewirkten wäsche einen freibrief dafür, sich nicht mehr waschen zu müssen. Kommen doch aus Deutschland alle erfindungen, die das waschen ersparen sollen. Aus Deutschland kamen die zelluloidwäsche, die falsche hemdbrust, die krawatte mit angesetzter brust aus demselben stoffe. Aus Deutschland stammt die lehre, dass das waschen der gesundheit nicht zuträglich sei und dass man ein trikothemd jahrelang tragen könne — so lange es sich die umgebung nicht ernstlich verbietet. Der amerikaner kann sich den deutschen ohne blühend weiße, aber falsche hemdbrust gar nicht denken. Das beweist die karikatur des deutschen, die sich die amerikanischen witzblätter zurechtgelegt haben. Man erkennt den deutschen an dem zipfel der hemdbrust, der ihm immer bei der weste heraussieht. Nur noch eine zweite klasse von menschen trägt in der amerikanischen karikatur das falsche vorhemd: der tramp, der landstreicher. Die falsche hemdbrust ist wahrlich kein symbol engelhafter reinheit. Umso unangenehmer ist es, dass in der ausstellung dieses — über den kulturzustand eines volkes so trauriges aussagende — kleidungsstück in jener abteilung zu finden ist, in der unsere besten schneider ausgestellt haben. Das drückt die ganze vornehme abteilung.

Einen neuen geschäftstypus stellen die »tailors and outfitters« dar. Der outfitter hält alles auf lager, was zum anzuge des mannes gehört. Seine aufgabe ist nicht leicht. Bei jedem artikel, den er verkauft, ist er dem käufer dafür verantwortlich, dass er einen vornehmen eindruck hervorruft. Von einem gut geführten modegeschäft kann man verlangen, dass man blind hineingreifen kann, ohne dass es möglich ist, dass man etwas geschmackloses, also unvornehmes erwischt. Der großen masse darf der outfitter keine konzessionen machen. Die ausrede, dass auch für den andern geschmack gesorgt werden müsse, darf von einem geschäfte ersten ranges nie angewendet werden. Es darf sich niemals irren. Ist ihm einmal ein irrtum passiert, so hat es seinen kunden gegenüber die verpflichtung, den betreffenden artikel nicht mehr zu führen.

Es ist schwer, die führende rolle im modefache zu erwerben, noch schwerer aber, sich in dieser rolle zu behaupten. Und doch wird nur der kleinste teil der waren in der werkstatt eines outfitters hergestellt. Er ist vorwiegend händler. Zum gewerbetreibenden verhält er sich ähnlich wie der direktor einer gemäldegalerie zum künstler. Auch jener hat die verpflichtung, aus der fülle des geschaffenen das beste auszuwählen. Das ist geistesarbeit genug, um ein menschendasein auszufüllen.

Man muss dies aussprechen, wenn man, wie ich, mit anonymen sendungen überschwemmt wird, die gewöhnlich die »verdächtigung« aussprechen, dass der von mir günstig besprochene geschäftsmann seine waren nicht selbst herstelle. Selbst wenn ich in diesem umstande etwas ungehöriges erblicken würde — ich tue es nicht —, könnte ich mich doch nicht damit befassen, die provenienz der waren nachzuprüfen. Ich bin kein detektiv. Mir ist es gleichgültig, wo sie entstanden sind. Hauptsache ist, dass der geschäftsmann diese waren in dieser ausführung zu liefern imstande ist. Ob er nun eine eigene werkstätte hält oder die arbeit auf einige fremde werkstätten verteilt, ist für die objekte gleichgültig. Nur diesen gelten meine besprechungen.

Dass man bei den zahlreichen ausstellern für damenmode so viel schon fertig gebundene krawatten findet, ist betrübend. Schon beim manne sehen diese maschen recht gewöhnlich aus. Die halsbinde, die vorne einen knoten oder eine schleife zeigt und hinten zusammengehalten wird, gehört in die rubrik der papierwäsche und der similibrillanten. Ganz schweigen will ich von jenen doppelt um den hals gewundenen krawatten, die diesen schönen effekt mit hilfe eines mit seidenstoff überzogenen stückes pappendeckel und einiger »patente« zu erreichen suchen, den favorithalsbinden unserer vorstadtelegants. Dass aber unsere wiener mädchen und frauen sich solcher surrogate für das binden einer schleife bedienen, zeigt, dass der oft gerühmte wiener chic im aussterben begriffen ist. Ich wünschte mir ein geschäft in Wien, dessen besitzer jedem, der nach fertigen krawatten fragen sollte, stolz antworten könnte: »Fertige krawatten? Nein! Die führen wir nicht!«

MÖBEL

(2. oktober 1898)

Man kann die interieurs, die in unserer jubiläumsausstellung zu sehen sind, in drei kategorien einteilen. Die erste bemüht sich, alte möbel so getreu als möglich zu kopieren, die zweite will modern sein, und die dritte versucht es, alte möbel für neue bedürfnisse abzuändern.

Heute will ich mich mit der ersten kategorie befassen. Die zweite habe ich bereits in den aufsätzen über das Otto Wagner-zimmer des längeren gewürdigt, die übrigen räume sollen ein nächstes mal beschrieben werden. Über die dritte kategorie aber muss ich mit stillschweigen hinweggehen.

Ich glaube, dass man einem toten meister, wenn nicht verehrung, so doch so viel achtung entgegenbringen kann, dass man seine werke unangetastet lässt. Es wäre ein verbrechen, begangen an den manen Raffaels, wenn man eine kopie der Sixtinischen Madonna in der weise anfertigen ließe, dass man den grünen vorhang rubensrot ummalen, die beiden engel mit anderen köpfen versehen und an die stelle des heiligen Sixtus und der heiligen Barbara den heiligen Aloisius und die heilige Ursula setzen würde. »Nur nicht übertreiben«, höre ich den tischler sagen. »Gewiss, das wird man nicht machen. Raffael war ein maler. Aber bei einer tischlerarbeit . . .«

Die großen tischler der renaissance und des barock sollten aber von ihren epigonen geradeso in ehren gehalten werden, wie unsere maler ihre alten meister in ehren halten. Das erfordert die standesehre. Man kann neues malen und tischlern, man kann altes kopieren, streng kopieren, so streng, wie es unserer zeit möglich ist, bis zum aufgeben der eigenen persönlichkeit. Aber denen, die sich an den alten wissentlich vergreifen, sei ein energisches »hands off!« zugerufen.

Man wird einwenden, dass es nicht gut getan ist, auch das zu kopieren, was den alten meistern anders zu machen nicht möglich war. Das glas etwa war schlecht und bestand nur aus kleinen stücken. Der große alte meister hätte, wenn ihm unsere hochentwickelte glasindustrie zur verfügung gestanden wäre, von ihren besseren produkten gebrauch gemacht.

Gewiss hätte er das. Dann hätte er aber auch einen anderen vorwurf für ein glasgemälde gewählt, dann hätte er auch einen anderen entwurf angefertigt. Stets hat man mit solchen vermeintlichen verbesserungen schiffbruch gelitten. Die alten figuren und die alte anordnung passen nur für das damals verwendete material, und wenn man modernes glas anwenden will, muss man auch moderne figuren zeichnen. Missfällt einem etwas an dem alten meister, dann lasse man ihn ganz in ruhe. Größenwahn ist es aber, ihn verbessern zu wollen.

Man wird es in manchen kreisen nicht gerne sehen, dass ich dem kopieren das wort rede. Andere jahrhunderte haben auch nicht kopiert. Das ist unserer zeit vorbehalten gewesen. Das kopieren, das nachahmen alter stilformen ist eine folge unserer sozialen verhältnisse, die mit denen der vorigen jahrhunderte nichts gemein haben.

Die französische revolution hat den bürger frei gemacht. Nichts konnte ihn davon abhalten, geld zu erwerben und von dem gelde jeden beliebigen gebrauch zu machen. Er konnte denselben gebrauch davon machen wie der adelige, ja der könig sogar. Er konnte in goldenen kutschen fahren, seidenstrümpfe tragen und schlösser kaufen. Warum sollte er das nicht? Das war sogar seine pflicht. Es gibt leute, die noch nach dem ancien régime gravitieren. Allerdings, sagen sie, habe ich jetzt das recht, mich wie der prinz von Wales anzuziehen. Aber ich bin kein königssohn. Ich hin nur ein einfacher bürgersmann. Nein, lieber bürgersmann, du hast nicht nur das recht, sondern du hast auch die pflicht, dich wie der prinz von Wales anzuziehen. Gedenke, dass du ein enkel bist. Dein urgroßvater und dein vater haben gekämpft, vielleicht ihr blut vergossen. Ein könig und die tochter einer kaiserin mussten ihr haupt für diese idee auf das schafott legen. Nun ist es an dir, von dem erkämpften den richtigen gebrauch zu machen.

Wie sich der prinz anzog, hatte unser bürgertum bald heraus. Denn kleider nützen sich ab, und wenn die alten unbrauchbar sind, bestellt man neue. Da war es nun ein leichtes, zu demselben schneider zu gehen und ihm zu sagen: repete! Anders war es aber mit dem wohnen. Der hochadel und das königtum besaßen einen solchen überfluss an alten möbeln, dass sie auf lange zeit, auf jahrhunderte hinaus, versorgt waren. Wozu sollte man auch aus purer neuerungssucht das geld zum fenster hinauswerfen? Im gegenteil, man freute sich des alten besitzes, durch den man sich von dem reichgewordenen bürgertum distinguierte. Denn das hatte damals, als man noch das heft in der hand hielt, nicht die mittel, sich derartiges anzuschaffen. Unbewohnte festräume, also richtige möbelmagazine, hatte es nicht. Der bürger brauchte seine möbel auf. Wollte er sich nun wieder mit denselben sachen umgeben, so war er gezwungen, kopien davon anfertigen zu lassen.

Das ist kein fehler. Es mag parvenümäßig sein, aber es ist die vornehmheit am parvenü. Der wunsch, sich mit kopien oder abbildungen alter kulturerzeugnisse zu umgeben, die einem wohlgefallen, deren originale aber einem unerreichbar sind, ist sicherlich sehr menschlich. Die photographie eines alten bauwerkes, der abguss eines bildwerkes, die kopie eines Tizian werden imstande sein, einem die glücklichen empfindungen zurückzurufen, die man bei der betrachtung der originale empfunden hat.

Man erinnert sich des kampfes, den der möbeltischler Sandor Jaray im vorjahre mit dem direktor unseres kunstgewerbemuseums, hofrat von Scala, ausgefochten hat. Wenn man aber die exposition Jaray betrachtet, so fragt man sich erstaunt: Wozu der lärm?! Hofrat von Scala hat sich mit seinen fundamentalgrundsätzen die gegnerschaft der jetzigen machthaber in der kunstgewerbeschule und dem kunstgewerbevereine zugezogen. Der erste grundsatz, nach dem nun in allen kulturländern gearbeitet wird, lautet, wie ich oben ausgeführt habe: »Wohl kopieren, aber streng kopieren.« Der zweite lautet: »Für den modernen möbelbau ist der englische ton angebend.« Beide werden in den genannten lagern auf das energischeste bekämpft. Man glaubt dort noch immer, im geiste einer früheren zeit neues schaffen zu können. Man fühlt dort nicht, dass der gotische gaskandelaber genauso ein nonsens ist, wie die gotische lokomotive. Der zweite grundsatz aber, offenbar weil in ihm das wort englisch vorkommt, wirkt wie ein rotes tuch.

Sehen wir zu, wie Sandor Jaray herrn von Scala durch die tat bekämpft. Er stellt einen salon im stile Ludwigs XV. aus, ein speisezimmer in italienischem barock, einen salon im »Maria Theresia-stil«, einen salon in empire, alles getreue kopien, und nun kommt das moderne, ein — horribile dictu — englisches herrenzimmer. Man sieht also, dass Sandor Jaray kunstgewerbeverein predigt, aber hofrat von Scala trinkt.

Gegen den theoretiker Jaray musste ich mich einmal in scharfen worten äußern, für den praktiker Jaray fehlen mir die worte des lobes. Man kann getrost sagen: Noch nie hat ein wiener gewerbetreibender in allen stücken, sowohl der qualität als der quantität, vollendeteres geboten. Gewiss ist die quantität sehr bemerkenswert, denn es gehört eine eminente arbeitskraft und leistungsfähigkeit dazu, außer laufenden geschäften eine solche anzahl mustergültiger objekte zu einem bestimmten termin fertigzustellen. Was die wiener kunstindustrie an bedeutenden dekorativen talenten aufzuweisen hat, wurde herangezogen, um das speisezimmer auszugestalten. Wohin auch das auge fällt, es sieht keinen fehler. Alles ist strenge kopie, streng im geiste der zeit. Und das ist eine kunst, eine ganz bedeutende kunst. Denn es ist viel leichter, eine neue madonna in raffaelischer manier hinzumalen, als der sixtinischen gerecht zu werden.

Bernhard Ludwig hat außer drei modernen räumen einen salon, die kopie eines raumes im fürstbischöflichen schloss zu Würzburg, ausgestellt. Wände, plafond und möbel sind in grünem vernis Martin hergestellt. Das ist ein reizender effekt, den sich allerdings nur leute gestatten können, die dazu einen roten salon bauen, um schnell, wenn es nötig sein sollte — und es wird nötig sein — als antidoten einige minuten aufenthalt in demselben zu nehmen.

J. W. Müller zeigt ein herrenzimmer in deutscher renaissance. Wie anheimelnd, wie gediegen! An liebevoller, tüchtiger tischlerarbeit sucht es seinesgleichen. Welche achtung vor dem können des alten meisters offenbart sich in jeder linie, jedem beschlage! Nichts wurde geändert, selbst die alten deutschen »unschönen« verhältnisse, wohl die härteste probe auf das empfinden eines modernen menschen, wurden beibehalten. Recht so! Denn hier heißt es: entweder — oder. Wie schön! Wie herrlich! Der moderne, tüchtige wiener meister, der dem alten kollegen aus dem sechzehnten jahrhundert zum siege verhilft. Wie sagt doch Hans Sachs bei Richard Wagner? »Ehrt eure deutschen meister, dann bannt ihr gute geister.« Nun wissen wir: Sandor Jaray, Bernhard Ludwig und J. W. Müller sind solche geisterbanner.

DIE MÖBEL AUS DEM JAHRE 1898

(9. oktober 1898)

Auch solche gibt es in der ausstellung. Möbel, die ganz »stillos« sind, möbel, die in keinem stile einer früheren zeit unterzubringen sind. Sie sind weder ägyptisch noch griechisch, weder romanisch noch gotisch, weder aus der renaissance noch aus der barockzeit. Jedermann sieht es ihnen auf den ersten blick an: es sind möbel aus dem jahre 1898.

Das ist ein stil, der sich nicht lange halten wird. Das soll er auch gar nicht. Nur ein jahr lang dauert seine herrschaft. Dann kommt der stil vom jahre 1899 daran, der wieder ganz anders sein wird. Uns wird das nicht so recht zum bewusstsein kommen, aber die museumsdirektoren der nächsten jahrhunderte werden es schon herausfinden und richtig etikettieren.

Es gibt leute, die es sehr bedauerlich finden, dass sich unser stil nicht lange halten wird. Die gehören nach China. Dort hält sich alles jahrtausende lang. Die anderen kennen aber nur die eine lust im leben, es immer besser zu machen als der andere. Da ergeben sich die neuen formen von selbst.

Sandor Jaray und Müller segeln noch unter fremder flagge. Sie nennen ihre modernen räume englisch. Das reizende kabinett Müllers ist es auch. Man kann stimmen hören, die so etwas unpatriotisch finden. Wir haben bisher alle völker und zeiten nachgeahmt. Wir waren zufrieden, wenn unsere tischler holländisch, französisch, italienisch und spanisch arbeiteten. Die mauren, perser, inder und chinesen haben wir bis aufs i-tüpferl kopiert und waren auf die verschiedenen japanischen boudoirs nicht wenig stolz. Nun frage ich: Warum um alles in der welt bekommen wir nervenanfälle, wenn es sich um englische räume handelt? Was ist mit den engländern? Warum machen wir bei ihnen eine ausnahme?

Das zimmer von J. W. Müller ist aber auch in anderer beziehung sehr bemerkenswert. Es zeigt uns, dass man mit billigen mitteln neue und originelle wirkungen erzielen kann. Reiche arbeit ist gewiss eine sehr gute sache. Man vergesse aber nicht, dass unsere kunstgewerbetreibenden nicht nur für millionäre, sondern auch für alle anderen zu sorgen haben. Einfache möbel wurden ja in den letzten jahrzehnten auch von unseren ersten firmen hergestellt. Nur stellte man sie nie aus und tat so, als ob man sich ihrer schäme. Und als hofrat von Scala in der weihnachtsausstellung auch einfache möbel zur schau stellte, da ging ein sturm der entrüstung durch unsere gewerbewelt. Es wäre aber besser, wenn diese mit dem mittelstande mehr fühlung nehmen würde als bisher. Dann würde sie am besten ihren gefährlichsten feind bekämpfen können, die imitation. Denn nicht der glaserer, der glatte, farblose fenster einschneidet, ist der feind des glasmalers, sondern der diaphanpapierfabrikant; nicht der tischler, der glatte möbel erzeugt, ist der feind des holzbildhauers, sondern der sägespäne- und leimornamentenpresser.

Sandor Jarays englisches zimmer ist nicht englisch. Ein persischer teppich in einem zimmer macht es noch nicht zu einem persischen. Ein japanischer paravent und einige dazugehörige nippes machen ein zimmer noch nicht japanisch. Eine dame von altem englischen adel, die ich in die Jaray-exposition führte, erkannte sofort sämtliche stilperioden. »This is Louis XVI., this italian, this rococo, this empire! But what is that?« — »That is english«, antwortete ich.

Das zimmer ist sicherlich nicht englisch. Das ist aber kein fehler. Es ist wienerisch. Alles atmet liebenswürdigkeit und eleganz. Uns kommts nur so englisch vor, weil eine menge englischer formen darin verwendet wurde. Das ist freudig zu begrüßen. Man verwerte alle anregungen, die von draußen kommen. Das haben die deutschen renaissancemeister auch getan. Nur die toten lasse man in ruhe.

Den stolz und den mittelpunkt der Bernhard Ludwigschen ausstellung bildet das speisezimmer, ein raum, von dem eine neue ära der wiener möbel industrie ausgehen wird. Was macht das zimmer so bedeutend? Dass der größte holzornament-bildhauer unserer zeit ihm den dekorativen schmuck verliehen hat.

Es ist ein merkwürdiges zimmer, gleichsam die wiege dieses holzschneiders. Vor dem entstehen dieses zimmers wusste noch keiner, auch er selbst nicht, was er vermag. Als Bernhard Ludwig den plan fasste — es war sechs wochen vor der eröffnung der ausstellung — ein speisezimmer aus eichenholz mit holzschnitzereien anzufertigen, war er sich der tragweite seines beginnens noch nicht bewusst. Der bildhauer, Franz Zelezny ist sein name, war ihm als tüch-

tiger mann wohl bekannt. Zelezny hatte bisher den ruf, die beste, stilreinste arbeit zu liefern. Aber Bernhard Ludwig wollte anderes. Er machte nur die reine tischlerarbeit und liess den platz für die ornamente frei. »Hier, lieber Zelezny, fügen sie mir etwas hinein.« — »In welchem stil?« — »In ihrem stil!«
In seinem stil! Wie das dem manne in herz und mark ging. In seinem eigenen stile, so, wie er sichs stets erdacht, erträumt und ausgemalt hatte, während er, der künstler, die banausenarbeit des möbelzeichners in form umwandeln musste. Sollte es also doch dazu kommen! Und er begann. Anfangs ängstlich, nicht ganz auf seine bärenkraft vertrauend, wurde er schritt für schritt stärker und freier. Was gotik, was rokoko: hier ist die natur und nun drauf los!

»Hier ist die natur und nun stilisiere!« wird in der schule gelehrt. Oh, diese »stilisierenden« kunstgewerbeprofessoren! Da gibt einer ein werk heraus mit stilisierten pflanzen und tieren. Fragt man ihn, für welches material alle diese sachen stilisiert sind, so erhält man zur antwort: »Ja, die kann man ganz nach belieben verwenden.« Das ist natürlich unsinn. Ein stilisieren in diesem sinne der zeichenlehrer gibt es nicht. Der zeichenlehrer kann allerdings stilisieren, aber nur für das reißbrett, für die fläche. Er kann ein tier, eine pflanze, einen gegenstand auf die ebene bringen. Das geht natürlich nicht so leicht. Er muss striche machen, die nicht in der natur enthalten sind, andere striche wieder auslassen. Trotzdem kann er, besonders, wenn er sich des pinsels und der leinwand bedient und zum maler wird, der natur am besten nahekommen. Das will jeder handwerker, das will jeder künstler. Der steinmetz im mittelalter fing sich einen salamander. »Warte, kerl, dich haue ich in stein aus. Als wasserspeier.« Und er hieb drauf los. »Sieh her, bruder maler, wie fein ich den abporträtiert habe. Ist es nicht der salamander, wie er leibt und lebt?« Der bruder maler schüttelte das haupt. Was das sehen anging, hatte er mehr übung. Das ist ja leicht begreiflich. Während der steinmetz sein auge nur ausnahmsweise zum vergleichen mit der natur gebrauchte, er, der sich das gehirn damit zermarterte, dem gerechten steinmetzgrunde einen neuen grundriss abzuringen oder einen neuen vierpass innerhalb der regel und des gesetzes zu erfinden, und dem die sezession von Rochlitz zu denken gab, die sezession jener ungetreuen hütte, die abtrünnig wurde vom alten steinmetzbrauche, hatte der maler zeit seines lebens nur eine arbeit zu überdenken: wie er hinter die geheimnisvollen formen der natur kommen könne, die doch jeder sah und die niemand zu papier zu bringen vermochte.

Der bruder maler schüttelte das haupt. »Aber lieber bruder steinmetz,« sagte er, »du bist im argen wahne, wenn du glaubst, dass dein werk mit dem tier auch nur die geringste ähnlichkeit hat. Sieh doch die vorderbeine! Die sind viel zu lang. Und hier der hals, und hier, und hier . . .«

Der steinmetz wurde böse. »Ja, wie soll ich denn das tier auf die fiale aufstützen, wenn ich ihm nicht die vorderbeine länger mache?« Für alles hatte er eine entschuldigung, in allem gab er dem maler unrecht. Er hatte durchaus recht. So sah ers und so war es daher auch.

Man bedenke nur: Der mann hatte seit seinem vierzehnten jahre täglich zwölf stunden in der hütte gearbeitet. Was wunder, dass er die welt anders sah, als der maler. Wenn man zeit seines lebens immer nur in stein arbeitet, da beginnt man steinern zu denken und steinern zu sehen. Der mann hatte ein steinernes auge, das alle dinge versteinerte. Der mann hatte eine steinerne hand bekommen, eine hand, die alles von selbst in stein umwandelte. Unter seinem blicke, in seiner hand erhielten das akanthus-, das rebenblatt ein anderes aussehen, als unter dem blicke, in der hand des goldschmiedes. Denn dieser sieht alles in gold. Und je höher ein meister steigt, desto mehr verliert er das, was ihm von der werkstatt anhaftet. Er kommt der natur immer näher und näher, bis er endlich die werkstatt überwunden hat. Die gräser, farne, käfer, schmetterlinge und eidechsen am aufsatze von Wenzel Jamnitzer in Rothschilds besitz gleichen naturabgüssen. Und so stellen sich die arbeit des handwerkers und die des künstlers als ein großer kampf zwischen material und natur dar. Der zeichenlehrer aber lehrt: »Hauptsache ist das stilisieren. Die regeln dafür werde ich in der nächsten stunde vortragen.«

Zelezny hat nicht stilisiert. Er ist der meister mit dem blick, dem alles in holz sich formt, mit der hand, die alles in holz bildet, der künstler, der nicht erst seine blumen und blätter auf dem reißbrett verstümmelt. Er schafft direkt im holz, und dadurch erhält sein ornament jene frische und jenes selbstbewusstsein, das allen werken des genius eigen ist. Das ist nicht die sklavenarbeit der antike, die imstande war, ein und dasselbe ornament, perlenschnur und eierstab, kilometerweise zu liefern; das ist die arbeit des freien arbeiters am ende des neunzehnten jahrhunderts, der aus freude an der eigenen arbeit schafft, schnell schafft und viel schafft.

BUCHDRUCKER

(23. oktober 1898)

Hier steht ein sessel. Dieser sessel ist ein kunstprodukt. Wenn ich den sessel male, so ist dieser gemalte sessel nur eine abbildung dieses kunstproduktes, also ein kunstwerk aus zweiter hand.

Versuchen wir dasselbe auf buchstaben anzuwenden. Buchstaben können in stein gemeißelt, in bronze gegossen, mit der feder hingeschrieben werden. Man kann mit hilfe von licht und schatten und perspektive stein- und bronzebuchstaben zu papier bringen. Das sind aber nur abbildungen von buchstaben, nicht buchstaben selbst. Die buchstaben für das papier haben keine anderen dimensionen als die der druckerschwärze.

Es gibt tischler, denen es freude macht, möbel zu verfertigen, die nur für vorlagenwerke taugen. So gibt es auch buchdrucker, die ihren stolz dareinsetzen, abbildungen von geschriebenen, gemeißelten und gegossenen worten zu schaffen. Da werden typen gewählt, die prachtvolle schatten werfen, und das ganze wird schließlich noch dadurch herausgehoben, dass es auf eine tafel gesetzt erscheint, welchen effekt rechts und unten angebrachte schattenstriche hervorrufen. Aber damit begnügt man sich nicht. Man versucht auch, reine buchdruckerarbeit nachzubilden. Da lässt man entweder ein blatt papier mit der stecknadel angeheftet oder aufgerissen oder wieder mit einem hineingeknickten eselsohr versehen erscheinen. Hier wird ein schiefgestelltes kartenblatt vorgetäuscht, so dass die buchstaben darauf perspektivisch immer kleiner und kleiner werden müssen, dort wirft ein solches nachgebildetes blatt gar schatten auf das wirkliche papier. Alles immer aus zweiter hand! Der richtige buchdrucker will aber nicht druckarbeiten nachbilden, sondern selbst der schöpfer neuer werke werden. Wenn daher von buchdruckerarbeiten gesprochen wird, wird natürlich nur von diesen talentschöpfungen die rede sein. Verschwiegen darf aber nicht werden, dass es sogar typen gibt, die gezeichnete, lithographierte und geschriebene buchstaben nachahmen. Das gehört in das kapitel der imitation.

In neuerer zeit wurde den künstlern durch die große verbreitung des plakats eine neue aufgabe gestellt. Es galt, das schwierige problem zu lösen, wie buchstaben, richtige buchdruckerbuchstaben, mit abbildungen so vereinigt werden können, dass beides zusammen ein vollendetes kunstwerk ergibt.

Die arbeit war nicht leicht. Die vereinigung zweier verschiedener techniken aus dem gebiet der graphischen kunst ist unmöglich. Man denke sich den effekt aus, den etwa eine alpenlandschaft in der gewöhnlichen ölfarbenmanier hervorrufen würde, wenn man in den blauen äther oder in den grünen see mit der üblichen druckschrift die worte hineinsetzen würde: »Alpenkräutersekt ist der beste!« Man braucht sich das gar nicht auszudenken, man kann es ohnedies häufig genug sehen. Da galt es nun, sich in der bildlichen darstellung den buchstaben anzuschließen. Die lithographen hatten es leicht. Cheret, der lithograph, hatte sie gelehrt, lithographierte menschen zu zeichnen. Aber für die buchdrucker war nicht gesorgt. Der mann, der das neue, das niedagewesene schaffen sollte, konnte nur ein buchdrucker sein. Er durfte nur in druckerschwärze denken können, die ganze welt musste ihm wie ein großes stück papier vorkommen, auf das der liebe herrgott mensch und vieh, hof und haus, baum und berg, himmel und stein hinaufgedruckt hat. Einer musste es sein, der ohne zu spekulieren, vollständig naiv und aus innerstern drange heraus »gedruckte« menschen schaffen konnte, menschen aus druckerschwärze, menschen, von denen man nie annehmen würde, dass sie ihr papier verlassen können, menschen, bei denen niemand das verlangen trägt, zu wissen, wie sie von der seite oder von hinten aussehen. Wie würde der zeichenlehrer sagen? »Stilisierte menschen.« Ein solcher buchdrucker kam. Es ist Bradley, der amerikaner, der nun in Springfield, Massachusetts, lebt. Er ist der prototyp des stolzen, starren schriftsetzers, der nicht zulässt, dass mit dem gedruckten buchstaben zeichnerkunststücke aufgeführt werden. Bei ihm gibts keine mätzchen, keine typen, die sich über die anderen erheben. Seine buchstaben springen nie herum. In der offizin wurde stets strenge darauf gesehen, dass die lettern eine mathematische gerade bilden. Das setzt sich fest. Luftperspektive, also den wechsel des farbtones innerhalb einer farbfläche bei zunehmender entfernung, kennt er nicht. Hier hört ein farbton auf, hier setzt der andere an. Er sieht sehr primitiv. Er sieht nur zwei farben und die farblosigkeit, die für ihn weißes papier bedeutet. Denn mit zwei »buchdruckfarben« muss er auskommen. Aber mit diesen zwei tönen wirkt er stärker als unsere maler mit ihrem neunfarbendruck. Seine welt ist klein, klein, wie die welt des handwerks schon einmal ist. Aber in dieser welt ist er könig.

Unsere wiener drucker haben keine herrschergelüste. Sie haben sich das szepter vom maler und vom architekten entreißen lassen, die natürlich in ihrer art damit umgehen. Buchdruckerarbeit können sie nicht liefern, gerade so wie ein maler wohl einen schuh malen, aber niemals machen kann. Denn, glaubt mir, die schusterarbeit ist gerade so schwer oder so leicht zu erlernen wie die anderen gewerbe alle. Der einzige grund, warum uns die maler noch keine schuhe machen, da sie sich doch schon bald aller werkstätten bemächtigt haben, ist, dass unsere füße empfindlicher sind als unsere augen. Die halten einiges aus.

Es war nicht immer so. Als die menschen noch zartere augen hatten, da verlangte man auch, dass man im lesen und denken nicht durch schlechten druck und schlechtes papier gequält werde. Man gab dem buche nach rechts, links und unten eine angemessene breite weißen papieres, damit die finger, mit denen man das buch gefaßt hält, entsprechend raum hatten. Heute muss man mitten in den druck hineintappen.

Leute, die alles von einem guten buche verlangen, was man von ihm verlangen kann, werden bei uns selten auf ihre rechnung kommen. Das ist umso mehr zu bedauern, als die technische leistungsfähigkeit der wiener firmen auf graphischem gebiete in Europa unerreicht ist. Wo gibt es auf der welt eine firma wie Angerer & Göschl, von deren wichtigkeit man erst im auslande kenntnis erhält? Wir haben uns zu sehr an sie gewöhnt.

Unter den druckern ragt die druckerei von Adolph Holzhausen hervor, die allerdings nur wissenschaftliche werke druckt. Denn es ist merkwürdig: die wissenschaftlichen werke repräsentieren sich fast alle tüchtig und vornehm, während die werke der schönen literatur sich alle nur möglichen verunstaltungen gefallen lassen müssen.

DIE ÜBRIGEN AUFSÄTZE

AUS DEN JAHREN 1897–1900

SCHULAUSSTELLUNG DER KUNSTGEWERBESCHULE

(30. oktober 1897)

Die schule des Österreichischen Museums, unsere kunstgewerbeschule, stellt seit dem 9. dieses monats die leistungen des letzten schuljahres aus. Man sieht wieder die gewohnten arbeiten, mit gewohnter präzision ausgeführt, und in den tagesblättern erhebt sich der gewohnte beifall. Und wirklich, auch der strengste beobachter, wenn er in den soliden italienischen räumen Ferstels die stillleben, die blumenstücke, die akte, die heiligenbilder, die szenen à la Tadema, die porträte, die statuen, die reliefs, die holzschnitte, die zeichnungen für möbelpublikationen und alles übrige betrachtet, muss sagen: Hier ist viel geleistet worden.

Malerei, bildhauerei und graphische künste besitzen an der schule am stubenring so eine art akademie zweiter güte. Unsrer kunsthochschule auf dem Schillerplatz wird konkurrenz gemacht, und wenn auch deren leistungen wegen der kürze der studienzeit nicht einzuholen sind, wird doch im edlen wettstreit manches erreicht. Auf dem Schillerplatz kommt man dadurch rascher zur erkenntnis, dass es notwendig ist, aus dem stillstand aufzuwachen, und am stubenring erzeugt man künstler zweiten ranges.

Dagegen, glaubt man vielleicht, sollte niemand etwas einzuwenden haben. Das ist falsch. Denn es gibt etwas, auf dessen kosten dieses preislaufen stattfindet. Das ist das gewerbe, das handwerk.
Sagen wir es gerade heraus: Durch ein solches gebaren wird das kunstgewerbe einfach betrogen. Die kleine summe, die in dem budget des unterrichtsministeriums für den kunstgewerblichen unterricht bestimmt ist, geht für diesen zweck vollständig verloren. Wir österreicher, die in dieser beziehung der unzureichenden mittel wegen von kleinlichster sparsamkeit sein sollten, lassen unser kunsthandwerk auf kosten der »großen kunst« hungern und darben.

Dieses unrecht wird schon seit jahrzehnten begangen, ohne dass sich ein anwalt für das betrogene handwerk gefunden hätte. Unseren gewerbetreibenden ist es ja lange schon kein geheimnis mehr: die kräfte, die aus dieser anstalt hervorgehen, sind für die werkstatt, für das leben, für das publikum unbrauchbar. Vollgepfropft mit falschen ideen, ohne materialkenntnis, ohne feingefühl für das vornehme und für das kommende, ohne wissen um die gegenwärtigen strömungen, helfen sie entweder die große zahl der geringen maler und bildhauer vermehren, oder holen im auslande, wenn sie genügend assimilationsfähigkeit besitzen, die fehlende erziehung nach. Dann sind sie eben für uns verloren. Wir selbst können sie nicht in die schule nehmen, dazu fehlt uns die kraft. Im gegenteil! Wir erwarten von einer solchen anstalt sogar den anstoß, der uns ins rollen bringen soll.

Wir sind lange stillgestanden und stehen noch still. Die ganze welt ist im kunstgewerblichen während des letzten dezenniums unter der führung Englands mutig marschiert. Die distanz zwischen uns und den anderen wird immer größer und größer, und es ist höchste zeit, wenn wir den anschluss nicht verpassen wollen. Selbst Deutschland hat sich im laufschritt hinterher gemacht und wird den zug bald erreichen. Welch neues leben im auslande! Maler, bildhauer, architekten verlassen ihre bequemen ateliers, hängen die liebe kunst an den nagel und stellen sich an den amboss, an den webstuhl, an die drehscheibe, vor den brennofen und die hobelbank! Weg mit aller zeichnerei, weg mit der papierenen kunst! Nun gilt es, dem leben, den gewohnheiten, der bequemlichkeit, der brauchbarkeit neue formen und neue linien abzugewinnen! Drauf und dran, gesellen, die kunst ist etwas, was überwunden werden muss!

Angesichts dieser stets wachsenden begeisterung für die gute gewerbliche bewegung müssen wir es tief bedauern, dass unsre künstlerische jugend halb teilnahmslos zur seite steht. Selbst diejenigen, die berufen wären, kokettieren, wie wir gesehen haben, mit den absoluten künsten. Das umgekehrte, dass die künstler auf das handwerk zurückgehen, ist natürlich schon gar nicht der fall. Sollte denn wirklich so wenig begeisterungsfähigkeit in unserer jugend stecken?

Aus den wenigen gewerblichen arbeiten in der ausstellung können wir uns eine antwort auf diese frage schon geben. Es ist, als ob dem schüler zugunsten eines starren dogmas die ihm eigene seele aus dem körper hinausgezeichnet, -korrigiert, -konstruiert, -modelliert, und -doziert worden wäre. Die natur wird studiert — aber ohne erfolg. Denn solches studium ist doch für das kunstgewerbe nur mittel zum zweck. Was erreicht werden soll, ist die fähigkeit, das in der natur vorhandene zu stilisieren, oder, besser gesagt, dem material, aus dem es gebildet werden soll, dienstbar zu machen. Dazu fehlen in der schule der mut und die kraft, vor allem aber die materialkenntnis. Das dogma, an dem diese schule zugrunde gehen muss, ist die ansicht, dass unser kunsthandwerk von oben herab, von den ateliers aus reformiert werden soll. Revolutionen aber kommen immer von unten. Und dieses »unten« ist die werkstatt.

Bei uns herrscht noch die ansicht, dass nur dem der entwurf eines stuhles zugetraut werden kann, der die fünf säulenordnungen in- und auswendig kennt. Ich glaube, ein solcher mann müsste vor allem andern etwas vom sitzen verstehen. Denn von einer säulenordnung kann man für den zu entwerfenden stuhl sicherlich nichts profitieren. Die modellzeichner, die als zeichner für publizistische werke hervorragendes leisten, also eine tätigkeit haben, die doch sicherlich zur graphischen kunst gerechnet werden muss, versagen vollständig, sobald sie eigene entwürfe vorlegen. Unverständnis für das material bei den naturdetails — man beobachte nur die untischlerische profilierung — und ödes kopieren, spranzen nennt es der fachmann, in den dekorativen zeichnungen zu innenräumen, das sind die gemeinsamen merkmale aller drei spezialateliers unserer schule.

Den einzelnen lehrer kann dabei kein vorwurf treffen. Es ist der geist schuld, der über der ganzen anstalt schwebt.

Man müsste das gesagte nur wiederholen, wenn man auf die dekorative malerei zu sprechen käme. Auch hier tüchtige arbeiten, solange die malerei für sich allein spricht. Für das gewerbe sind die besten zeichnungen nichts wert. Naturalistisch gezeichnete kürbisse – um ein beispiel herauszuheben –, fein säuberlich und recht plastisch schattiert, tuns nicht. Besonders wenn sie für eine wandfriestapete unter dem plafond erdacht sind. In einem solchen unglückszimmer würde man nicht stark aufzutreten wagen. Schließlich könnten einem die kürbisse auf den kopf fallen! Für die aufrechterhaltung solcher illusion bürgt die tüchtige zeichnung. Man könnte blatt für blatt auf diese weise durchgehen, aber das eine beispiel wird wohl von der gedankenlosigkeit, die nur so weit sieht, als das reißbrett reicht, hinlänglich zeugnis geben.

Wir können hoffen, dass dies die letzte derartige ausstellung gewesen ist. Dem kunsthandwerk wird wohl endlich gegeben werden, was des handwerks ist. Mit dem neuen direktor, hofrat von Scala, ist ein neuer geist in das haus gezogen. Möge dieser geist stark und rücksichtslos genug sein, dem alten gegenüber kräftig den hausherrn zu spielen. Das österreichische handwerk erwartet das.

WEIHNACHTSAUSSTELLUNG IM ÖSTERREICHISCHEN MUSEUM

(18. dezember 1897)

Bürgerlicher hausrat — das Lefler-zimmer

Man kann es nicht leugnen: die sammlung von kopien alter möbel, die jetzt im Österreichischen Museum zu sehen ist, hat sensation gemacht. Sie bildet das tagesgespräch. Man dünkt sich in die besten zeiten des österreichischen kunstgewerbes zurückversetzt; damals, als Wien in der gewerblichen kunst in der ersten reihe stand, damals, als noch der unvergessene Eitelberger das regiment am stubenring führte, kann die teilnahme des publikums kaum größer gewesen sein. Man liest wieder die berichte der tagesblätter über die neuen pfade und wege, man debattiert, man streitet. Ja, noch mehr, man geht wieder in die weihnachtsausstellung!

Was ist nun eigentlich geschehen? Das Österreichische Museum hat einen neuen direktor erhalten, und dieser direktor hat uns ein neues gebiet eröffnet. Er hätte dem modernen stil eingang verschafft, sagen die einen. Er hätte den anglizismus eingeführt, sagen die zweiten. Er betone das praktische im gebrauchsgegenstande, sagen die dritten. Wer hat nun recht? Eigentlich alle. Aber das richtige wort haben sie nicht gefunden. Er hat, so sage ich, den bürgerlichen hausrat entdeckt.

Ich weiß, dass diese erklärung allgemeines kopfschütteln hervorrufen wird. Haben wir nicht die besten gegenstände aller zeiten und aus dem besitz aller klassen und stände gesammelt, in den museen aufbewahrt und studiert; haben wir nicht die besten bürgerlichen stücke der gotik, der renaissance, des barock und des empire benützt und nachgeahmt? Haben wir uns nicht stets bürgerlich eingerichtet?

Nein, das haben wir nicht. Unsere frauen und töchter schliefen in betten gleich dem, in dem Marie Antoinette, das unglückliche kaiserkind in Trianon, von glanz, glück und pracht geträumt hat. Der herr fleischhauermeister blickte mit stolz auf ein altdeutsches sofa, dessen motive der wandvertäfelung des prunkzimmers im rathaus zu Bremen entnommen waren und eine kombination eines stückchens derselben — die ganze vertäfelung hätte sich ja zu teuer gestellt — mit einer gepolsterten truhe bildeten. Und im salon eines wohlhabenden börsianers rekeln sich die gäste in fauteuils, die vollständig jenem gleichen, von dem aus einst Napoleon der welt seine gesetze diktiert hat. Sogar das kaiserliche »N« darf nicht fehlen. Und doch hat der korse diesen thron nur einmal benützt, sonst haben er und seine gäste sich mit weniger anspruchsvollen möbeln begnügt.

Warum ist uns aber der wirkliche bürgerliche hausrat so wenig bekannt? Weil unverhältnismäßig wenig davon auf uns gekommen ist. Denn der bürger brauchte seine möbel auf, er benützte sie täglich, und schließlich heizte er damit ein. Für pracht- und prunkzimmer besaß er kein geld. Und wenn doch ein oder das andere stück sich erhalten hatte, so fand sich selten ein museum, das dem alten haustiere ein asyl gewährte.

Es zeichnete sich eben nicht durch kunstvolle arbeit aus. Und hatte sich da oder dort doch eines ein bescheidenes plätzchen in einer sammlung erobert, so wurde es gewiss übersehen. Ganz anders das fürstenmöbel. Das wurde nie oder selten in gebrauch genommen und zeigte seinen vornehmen, nichtstuerischen charakter dadurch an, dass es motive der hohen architektur aufwies und mit reichem zierat versehen war. Wenn es aber auch für den praktischen gebrauch untauglich war, war es doch nicht zwecklos. Sein zweck war, zu repräsentieren und von dem reichtume, der pracht, der kunstliebe und dem geschmacke seines besitzers zeugnis abzulegen. Das fürstenmöbel hat sich daher zweifellos mit recht erhalten und bildet den stolz und die freude eines jeden museums.

Von diesen ausstellungsobjekten hat das neunzehnte jahrhundert einen falschen gebrauch gemacht, indem es sie sich zu praktischen mustern nahm. Die schranken, die das königtum dem hochadel gegenüber, dieser wieder dem niederen adel und dieser dem bürgertume gegenüber errichtet hatten, waren gefallen, und jeder konnte sich nach seinem geschmacke einrichten und kleiden. Es kann uns also eigentlich nicht wunder nehmen, wenn jeder hausknecht sich wie bei hofe einrichten und jeder kellnerjunge wie der prinz von Wales gekleidet sein wollte. Falsch aber wäre es, in diesem umstande einen fortschritt zu erblicken. Denn die fürstenmöbel, hervorgegangen aus einem immensen überfluss, haben große summen gekostet. Da aber der allgemeinheit dieser reichtum nicht zu gebote steht, so kopiert sie auf kosten des materials und der ausführung, wodurch die halbheit, die hohlheit und jenes schreckliche ungeheuer, das unserem gewerbe das mark aus den knochen zu saugen droht, die imitation, ihren einzug halten.

Auch steht das leben, das wir führen, mit den gegenständen, mit denen wir uns umgeben, im widerspruche. Man vergisst, dass man neben dem thronsaal ein wohnzimmer haben muss. Man lässt sich von den stilvollen möbeln ruhig malträtieren. Man stößt sich beulen in die knie und sitzt sich ornamente in den rücken und dort hinein, wo er aufhört. Durch die verschiedenen ornamentierten handgriffe unserer gefäße haben wir, im laufe der letzten zwei dezennien, nacheinander renaissance-, barock- und rokokoschwielen bekommen. Aber wir haben nicht gemuckst, denn jene, die sich dagegen aufgelehnt hätten, wären als ignoranten und menschen, denen jedes höhere verständnis für die kunst fehlt, an den pranger gestellt worden.

Allein, was ich hier anführe, gilt nur für den kontinent. Drüben, jenseits des ärmelkanals, wohnt ein volk von freien bürgern, das der alten schranken schon lange entwöhnt ist, so dass parvenüanwandlungen hier keinen boden mehr finden. Die engländer verzichteten auf fürstenprunk und fürstenpracht in ihren wohnungen. Kleiderordnungen kannten sie schon lange nicht mehr und fanden daher auch keine sonderliche befriedigung darin, die großen der vorzeit nachzuahmen. Ihre eigene bequemlichkeit ging ihnen über alles. Und unter dem einflusse solchen bürgertums machte sogar der adel in diesem lande langsam einen wandel durch. Er wurde einfach und schlicht.

Ein land, das ein so selbstbewusstes, freies bürgertum aufweist, musste den bürgerlichen stil in der wohnung bald zur höchsten blüte bringen. Die besten kräfte können sich hier für ihn einsetzen, sie können sich auf diese aufgabe konzentrieren, während in anderen ländern dem meister ersten ranges das fürstenmöbel zufallen und der bürgerliche hausrat von kräften zweiten ranges erzeugt werden wird. Man betrachte nur die beiden bedeutendsten musterzeichner Englands und Frankreichs aus derselben epoche. Nehmen wir zum beispiel Thomas Chippendale und Meissonier, den dessinateur Ludwigs XV. Bei diesem finden wir nur entwürfe für des königs prunk- und festräume, für Chippendale ist schon der anspruchslose titel seines kupferstichwerkes charakteristisch: »The gentleman and cabinetmakers' director, being a collection of designes of householdfurniture«.

Man wird also wohl begreifen, dass in einer sammlung bürgerlicher möbel den engländern der löwenanteil zufallen muss. Haben sie doch sogar manchem deutschen bürgermöbel, das seitdem bei uns vergessen war und jetzt auf dem wege über England zu uns zurückkommt, ein heim bereitet. Dafür gibt es interessante beispiele; eines sei hier erwähnt: der grellrote, lackierte stuhl mit gelbem strohgeflecht, der uns heute so enorm englisch anmutet (sprösselstuhl oder hühnersteige nennt man ihn bei uns spottend), findet sich in zahlreichen deutschen interieurbildern des achtzehnten jahrhunderts, vor allem bei Chodowiecki.

Noch ein anderer umstand macht die große zahl der englischen muster erklärlich. England war auch das erste land, das gegen die imitation zu felde zog. Heute beginnen auch wir langsam gegen sie front zu machen. Falsche brillanten und falsches pelzwerk gelten bei uns, gott sei dank, schon nicht mehr für fein. Wir müssen es unserer weihnachtsausstellung danken, dass sie uns anregt, diese neue lehre auch auf die wohnungseinrichtungen anzuwenden. Wer nicht das geld für einen ledergepressten stuhl hat, der nehme einfach einen strohsessel. Mancher wird davor zurückschrecken. Ein strohsessel, wie ordinär! Nur zu, meine lieben wiener, ein strohsitz ist ebensowenig ordinär, wie keine diamanten besitzen oder einen einfachen tuchkragen am winterrock tragen. Bloß die imitierten diamanten, pelzkragen und ledersitze, die sind es.

So bricht sich denn auch bei uns die erkenntnis bahn, dass man, zumal wenn das geld für das reiche und dekorative nicht ausreicht, das hauptgewicht auf das solide und praktische legen muss. Die gemalten intarsien, die aus sägespänen und leim gepressten holzschnitzereien, die »verpfusche dein heim«-fenster und andere patente aus der rüstkammer der imitation, die türen und fenster, die so gestrichen sind, dass sie hartes holz vortäuschen, verschwinden langsam aus dem bürgerhause. Der bürgerstolz ist erwacht, das parvenüsystem kommt aus der mode. Der clou dieser ausstellung ist ein interieur, eine kompagniearbeit eines wieners, des malers Heinrich Lefler, mit dem bildhauer Hans Rathausky und den architekten Franz Schönthaler jun. und Josef Urban. Im tagesgespräch heißt es kurzweg das Lefler-zimmer. Diese kurze bezeichnung war unbedingt notwendig, denn die letzten wochen über war sie in aller munde. Umjubelt von den jungen, geschmäht von den alten, gilt dieses zimmer als erste regung der moderne in der angewandten kunst auf wiener boden.

Modern sieht es allerdings aus. Wenn man aber näher zusieht, ist es nur unser gutes, altes, deutsches renaissancegschnaszimmer im modernen lichte. Nichts fehlt. Die holzvertäfelung mit den aufpatronierten holzintarsien, der altdeutsche dekorationsdivan (gott hab ihn selig!), dem immer die angenagelten blechernen löwenköpfe abgerissen wurden, die mit vieler mühe und not den persischen überwurf hielten, und dessen römer und altdeutsche krüge so schön herumwackelten, wenn man die geringste bewegung ausführte — alles, alles wurde mit herübergenommen. Nur hat es sich so schön maskiert, dass man es im ersten augenblick gar nicht wiedererkennt. Während zum beispiel beim alten »dekorations divan« einem altdeutsche krüge auf den kopf fallen konnten, fallen jetzt englische vasen herunter, aber das freilich sicher. Ein großer fortschritt, wenn man bedenkt, dass damit gewissermaßen die halbheit vermieden ist und das keramische gewerbe durch den starken verbrauch gewinnt.

Wir sehen schon, wo dieses zimmer hinaus will. Es bringt uns moderne formen im alten geiste. Man hat daher nicht das recht, von einem modernen zimmer zu sprechen. Das rechte wäre es gewesen, wenn man alte formen im neuen geiste angewendet hätte.

Gehen wir auf die einzelnen arbeiten über. Lefler lieferte eine entzückende tapete, die bei weitem das beste im ganzen zimmer ist. Unsere österreichische tapetenindustrie hat ihr nichts ähnliches an die seite zu stellen. Man denke: eine moderne tapete, die nichts englisches an sich hat, der man auf den ersten blick die wienerische provenienz ansieht. Vorzüglich sind auch die applikationspolster und die teppiche. Der mohairteppich »drachenkampf« verrät ein tüchtiges beherrschen der technik. Aber über die technik strauchelte Lefler schon bei den entwürfen zu den glasfenstern. Er liefert zwei: das eine nennt sich »Aschenbrödel«, das zweite »Dornröschen«. Beide verraten ein schwanken zwischen zwei techniken, der glasmalerei und der amerikanischen arbeit mit glasflüssen. Das »Aschenbrödel« wirkt noch harmonisch, da hier die glasmalerei nur dort angewendet wurde, wo sie unbedingt notwendig war, etwa in den gesichtern. Aber das »Dornröschen« ist unverzeihlich. Die gemalte rosenhecke ist ein schlag gegen jede ehrliche glaserarbeit; mit welcher freude würde ein glastechniker diese gelegenheit ergriffen haben, seine kunst an den rosen zu zeigen! Jedes rosenblatt ein anderer glasfluss! Die rosen schreien nach der amerikanischen technik, umso mehr, als diese daneben an weniger wichtigen punkten gezeigt wird. Daher wirkt das fenster so unharmonisch. Nachahmenswert scheint mir der versuch, das mittelfenster frei zu lassen für den ungestörten ausblick ins freie. Alles in allem zeigen die Leflerschen arbeiten ein frisches drauflosgehen und ein entschiedenes talent, sich neuen techniken unterzuordnen.

Das kann man von den übrigen arbeiten nicht behaupten. Die imitierten intarsien in der wandvertäfelung und die banale tapeziererarbeit des plafonds lassen auf einen mangel an wahrer vornehmheit schließen. Ein prächtiger holzschrank wird durch künstlich patinierte bronzereliefs verdorben, die, wenn sie echt wären, der reinlichkeit ihres besitzers kein gutes zeugnis ausstellen würden. Man bedenke, dass sich die grüne patina auf den bronzegegenständen durch das jahrtausendelange liegen in der feuchten erde gebildet hat, dass sie aber vollständig fehlte, solange die gegenstände noch im gebrauche waren. Von unseren modernen konnte man doch erwarten, dass sie diesem schwindel entgegentreten würden! Über das bordbrett als bekrönung des leicht gearbeiteten sofas habe ich schon eingangs gesprochen. Auch die uhr, auf der man die zeit nicht ablesen kann, ist vertreten. Früher war das des »stilvollen« zifferblattes wegen unmöglich, jetzt, weil das zifferblatt viereckig ist.

Man täte also unrecht, wenn man dieses Zimmer als modern bezeichnete. Der moderne geist verlangt vor allem, dass der gebrauchsgegenstand praktisch sei. Für ihn bedeutet schönheit die höchste vollkommenheit. Und da das unpraktische niemals vollkommen ist, so kann es auch nicht schön sein. So dann verlangt der moderne geist unbedingte wahrheit. Ich habe ja oben schon gesagt, dass die imitation, die pseudoeleganz, gott sei dank, endlich unmodern werden. Und drittens verlangt er individualität. Das heißt, dass sich im allgemeinen der könig wie ein könig, der bürger wie ein bürger und der bauer wie ein bauer einrichtet und dass im besonderen wieder jeder könig, jeder bürger und jeder bauer seine charaktereigenschaften in seiner wohnungseinrichtung zum ausdruck bringt. Die aufgabe moderner künstler ist es, den geschmack der menge, innerhalb seiner verschiedenen charakteristischen standesabstufungen, zu heben, indem sie die bedürfnisse der jeweils geistig vornehmsten erfüllen. Haben das unsere vier künstler getan? Entspricht ihr damenzimmer der vornehmheit der aristokratin? Nein. Der vornehmheit der fabrikantin auch nicht und schon gar nicht der vornehmheit der bürgersfrau. Es entspricht der vornehmheit der kokotte.

DIE POTEMKINSCHE STADT

(juli 1898)

Wer kennt sie nicht, die potemkinschen dörfer, die der schlaue günstling Katharinas in der Ukraine erbaut hatte? Dörfer aus leinwand und pappe, dörfer, die die aufgabe hatten, eine einöde für die augen ihrer kaiserlichen majestät in eine blühende landschaft zu verwandeln. Aber eine ganze stadt soll der schlaue minister gar fertig gebracht haben?

Das ist wohl nur in Russland möglich!

Die potemkinsche stadt, von der ich hier sprechen will, ist unser liebes Wien selbst. Eine schwere anklage, deren beweis mir wohl auch schwer gelingen wird. Denn ich brauche dazu hörer mit einem so verfeinerten rechtsgefühl, wie sie in unserer stadt leider noch spärlich zu finden sind.

Wer sich für etwas höheres ausgibt, als er ist, ist ein hochstapler und verfällt auch dann der allgemeinen verachtung, wenn niemand durch ihn geschädigt wurde. Wenn aber jemand diesen effekt durch falsche steine und andere imitationen zu erreichen sucht? Es gibt länder, wo einem solchen menschen das gleiche schicksal zuteilwürde. In Wien ist man aber noch nicht so weit. Nur ein kleiner kreis hat das gefühl, dass dabei eine unmoralische handlung, ein schwindel geschieht. Nicht nur durch die unechte uhrkette aber, nicht nur durch die wohnungseinrichtung, die sich aus lauter imitationen zusammensetzt, sondern auch durch die

wohnung selbst, durch das wohngebäude will sich heute jeder für etwas höheres ausgeben, als er ist.
Wenn ich den ring entlang schlendere, so erscheint es mir immer, als hätte hier ein moderner Potemkin die aufgabe erfüllen wollen, jemandem den glauben beizubringen, er würde in Wien in eine stadt von lauter nobili versetzt.

Was immer das Italien der renaissance an herrenpalästen hervorgebracht hat, wurde geplündert, um ihrer majestät, der plebs, ein neues Wien vorzuzaubern, das nur leute bewohnen, die imstande sind, einen ganzen palast vom sockel bis zum hauptgesims allein innezuhaben. Im parterre die stallungen, im niedrigen, untergeordneten mezzanin die dienerschaft, im hohen, architektonisch reich durchgebildeten ersten stockwerke die festräume und darüber die wohn- und schlafräume. Einen solchen palast zu besitzen, gefiel den wiener hausherren gar wohl, in einem palast zu wohnen, gefiel auch dem mieter. Den einfachen mann, der nur ein zimmer und ein kabinett im letzten stockwerke gemietet hatte, überfiel ein wohllüstiges gefühl von feudaler pracht und herrengröße, wenn er sein wohngebäude von außen betrachtete. Liebäugelt nicht auch der besitzer eines falschen brillanten mit dem glitzernden glase? Oh über den betrogenen betrüger!

Man wird mir einwenden, dass ich den wienern falsche absichten unterschiebe. Die architekten sind schuld daran, die architekten hätten nicht so bauen sollen. Ich muss die baukünstler in schutz nehmen. Denn jede stadt hat jene architekten, die sie verdient. Angebot und nachfrage regulieren die bauformen. Der, der dem wunsch der bevölkerung am meisten entspricht, wird am meisten zu bauen haben. Und der tüchtigste wird vielleicht, ohne je einen auftrag erhalten zu haben, aus dem leben scheiden. Die anderen aber machen schule. Man baut dann so, weil man es eben gewohnt ist. Und man muss so bauen. Der häuserspekulant würde am liebsten die fassade glatt von oben bis unten putzen lassen. Das kostet am wenigsten. Und dabei würde er auch am wahrsten, am richtigsten, am künstlerischsten handeln. Aber die leute würden das haus nicht beziehen wollen. Der vermietbarkeit wegen ist der hausherr gezwungen, diese, und gerade diese fassade anzunageln.

Jawohl, anzunageln! Denn diese renaissance- und barockpaläste sind nicht einmal aus dem material, aus dem sie hergestellt erscheinen. Bald geben sie vor, aus stein, wie die römischen und toskanischen paläste, bald aus stuck, wie die wiener barockbauten, gebaut zu sein. Sie sind keines von beiden: ihre ornamentalen details, ihre konsolen, fruchtkränze, cartouchen und zahnschnitte sind angenagelter zementguss. Gewiss hat auch diese technik, die erst in unserem jahrhundert angewendet wird, ihre volle berechtigung. Aber es geht doch nicht an, sie auf formen, deren entstehung mit der beschaffenheit eines bestimmten materials eng verknüpft ist, nur deswegen anzuwenden, weil ihrer anwendung keine technischen schwierigkeiten im wege stehen! Aufgabe des künstlers wäre es gewesen, für das neue material eine neue formensprache zu finden. Alles andere ist imitation.

Darauf kam es dem wiener der letzten bauepoche auch gar nicht an. Ihn freute es sogar, mit so geringen mitteln das teure material, das als vorbild diente, nachahmen zu können. Als echter parvenü glaubte er, dass die anderen den schwindel nicht merkten. Das glaubt der parvenü immer. Von der falschen hemdbrust, dem falschen pelzkragen, von all den imitierten dingen, mit denen er sich umgibt, glaubt er zuerst sicher, dass sie ihren zweck vollständig erfüllen. Allein die, die über ihm stehen. die, die dieses parvenüstadium schon überwunden haben, die wissenden also, sie lächeln über seine nutzlosen anstrengungen. Und mit der zeit gehen auch dem parvenü die augen auf. Bald erkennt er dieses, bald jenes unechte bei seinen freunden, das er früher noch für echt gehalten hat. Dann gibt er's resigniert auch für sich selbst auf.

Armut ist keine schande. Nicht jeder kann in einem feudalen herrensitz auf die welt gekommen sein. Aber seinen mitmenschen einen solchen besitz vorzuspiegeln, ist lächerlich, ist unmoralisch. Schämen wir uns doch nicht, in einem haus mit vielen anderen, uns sozial gleichstehenden menschen zur miete zu wohnen! Schämen wir uns doch nicht der tatsache, dass es stoffe gibt, die uns als baumaterial zu teuer sind! Schämen wir uns doch nicht der tatsache, menschen aus dem neunzehnten jahrhundert zu sein, nicht solche, die in einem hause wohnen wollen, das seiner bauart nach einer früheren zeit angehört! Ihr würdet dann sehen, wie schnell wir den ureigenen baustil unserer zeit erhalten würden. Den haben wir sowieso, wird man einwenden. Ich meine aber einen baustil, den wir mit gutem gewissen der nachwelt überliefern könnten, auf den noch in ferner zukunft mit stolz hingewiesen würde. Diesen baustil hat man aber in unserem jahrhundert in Wien noch nicht gefunden.

Ob man aus leinwand, pappe und farbe holzhütten darzustellen sucht, in denen glückliche bauern leben, oder aus ziegeln und zementguss vorgebliche steinpaläste errichtet, in denen feudale grossherren ihren sitz zu haben scheinen, im prinzip bleibt es das gleiche. Über der wiener architektur dieses jahrhunderts schwebte der geist Potemkins.

DAMENMODE

(21. august 1898)

Damenmode! Du grässliches kapitel kulturgeschichte! Du erzählst von der menschheit geheimen lüsten. Wenn man in deinen seiten blättert, erbebt die seele angesichts der fürchterlichen verirrungen und unerhörten laster. Man vernimmt das wimmern missbrauchter kinder, das gekreisch misshandelter weiber, den ungeheuren aufschrei gefolterter menschen, das geheul derer, die auf dem scheiterhaufen starben. Peitschenhiebe klatschen, und die luft bekommt den brenzlichen geruch gebratenen menschenfleisches. La bête humaine . . .

Nein, der mensch ist keine bestie. Die bestie liebt, liebt einfach und wie es die natur eingerichtet hat. Der mensch aber misshandelt seine natur und dadurch den eros in sich. Wir sind bestien, die man in ställe gesperrt hat, bestien, denen die natürliche nahrung vorenthalten wird, bestien, die auf befehl lieben müssen. Wir sind haustiere.

Wäre der mensch bestie geblieben, dann wäre einmal im jahre die liebe in sein herz gezogen. Aber die mühsam zurückgehaltene sinnlichkeit macht uns jederzeit zur liebe tauglich. Um den lenz wurden wir betrogen. Und unsere sinnlichkeit ist nicht einfach, sondern kompliziert, nicht natürlich, sondern widernatürlich.

Diese unnatürliche sinnlichkeit kommt in jedem jahrhunderte, ja in jedem jahrzehnte in anderer weise zum ausbruche. Sie liegt in der luft und wirkt ansteckend. Bald verbreitet sie sich gleich einer pest, die man nicht verbergen kann, bald schleicht sie durch das land gleich einer geheimen seuche, und die menschen, die von ihr befallen sind, wissen sie voreinander zu verbergen. Bald ziehen die flagellanten durch die welt und die brennenden scheiterhaufen werden zum volksfest, bald zieht sich die lust in die geheimsten falten der seele zurück. Aber wie dem auch sei: marquis de Sade, der kulminationspunkt der sinnlichkeit seiner zeit, dessen geist die grandiosesten martern ersann, deren unsere phantasie fähig ist, und das liebe, blasse mädchen, dessen herz freier aufatmet, nachdem es den floh geknickt hat, sie sind eines stammes. Das edle am weibe kennt nur die eine sehnsucht: sich neben dem großen, starken manne zu behaupten. Diese sehnsucht kann gegenwärtig nur in erfüllung gehen, wenn das weib die liebe des mannes erringt. Die liebe macht ihr den mann untertan. Diese liebe ist nicht natürlich. Wäre es so, würde sich das weib dem manne nackt nähern. Das nackte weib aber ist für den mann reizlos. Es kann wohl die liebe des mannes entflammen, nicht aber erhalten.

Man wird euch erzählt haben, dass die schamhaftigkeit dem weibe das feigenblatt aufgenötigt hat. Welcher irrtum! Die schamhaftigkeit, dieses mühsam und mit raffinierter kultur konstruierte gefühl, war dem urmenschen fremd. Das weib bekleidete sich, es wurde für den mann zum rätsel, um ihm die sehnsucht nach der lösung ins herz zu senken.

Die erweckung der liebe ist die einzige waffe, die das weib im kampfe der geschlechter gegenwärtig besitzt. Die liebe aber ist eine tochter der begierde. Die begierde und den wunsch des mannes zu erregen, ist des weibes hoffnung. Der mann kann das weib durch die stellung, die er sich in der menschlichen gesellschaft errungen hat, beherrschen. Ihn beseelt der drang nach vornehmheit, den er auch in seiner kleidung zum ausdrucke bringt.

Jeder raseur möchte wie ein graf aussehen. In der ehe erhält die frau durch den mann ihre soziale marke, gleichviel ob sie kokotte oder fürstin gewesen ist. Ihre stellung geht vollständig verloren.

Das weib ist daher gezwungen, durch seine kleidung an die sinnlichkeit des mannes zu appellieren, unbewusst an seine krankhafte sinnlichkeit, für die man nur die kultur seiner zeit verantwortlich machen kann.

Während also die veränderung in der männerkleidung in der art bewirkt wird, dass die großen massen in ihrem drange nach vornehmheit nachstürzen und auf diese weise die ursprünglich vornehme form entwerten, die wirklich vornehmen – oder, besser: die, die von der menge für vornehme gehalten werden – sich nun aber nach einer neuen form umsehen müssen, um sich zu unterscheiden, wird der wechsel in der frauenkleidung nur von dem wechsel der sinnlichkeit diktiert.

Und die sinnlichkeit wechselt stetig. Gewisse verirrungen häufen sich gewöhnlich in einer zeit, um dann wieder anderen platz zu machen. Die verurteilungen nach den paragraphen 125 bis 133 unseres strafgesetzes sind das verlässlichste modejournal. Ich will nicht weit zurückgreifen. Ende der siebziger und anfang der achtziger jahre strotzte die literatur jener richtung, die durch ihre realistische aufrichtigkeit zu wirken suchte, von beschreibungen üppiger frauenschönheit und flagellationsszenen. Ich erinnere nur an Sacher-Masoch, Catulle Mendès, Armand Silvestre. Bald darauf wurde volle üppigkeit, reife weiblichkeit durch die kleidung scharf zum ausdrucke gebracht. Wer sie nicht besaß, musste sie vortäuschen: le cul de Paris. Dann trat die reaktion ein. Der ruf nach jugend erscholl. Das weibkind kam in mode. Man lechzte nach unreife. Die psyche des mädchens wurde ergründet und besungen. Peter Altenberg. Die Barrisons tanzten auf der bühne und in der seele des mannes. Da verschwand aus der kleidung der frau, was weiblich ist. Sie log sich ihre hüften hinweg, starke formen, früher ihr stolz, wurden ihr unbequem. Der kopf erhielt durch die frisur und durch die großen ärmel den ausdruck des kindlichen. Aber auch diese zeiten sind vorüber. Man wird mir einwenden, dass sich gerade jetzt die schwurgerichtsverhandlungen über verbrechen an kindern in der erschreckendsten weise mehren. Gewiss. Das ist der beste beweis, dass sie aus den höheren kreisen verschwinden und nun ihre wanderschaft nach unten antreten. Denn der großen masse stehen nicht die mittel zu gebote, sich aus jener schwüle hinauszuretten.

Ein großer, konstanter zug ging allerdings durch dieses jahrhundert. Das werden wirkte stets stärker als das gewordene. Der frühling wurde in diesem säkulum zur bevorzugten jahreszeit. Die blumenmaler früherer zeiten haben niemals knospen gemalt. Die professionellen schönheiten am hofe der französischen könige erreichten ihre vollste blüte erst mit dem vierzigsten jahre. Aber heute hat sich auch für jene männer, die sich für vollständig normal halten, dieser zeitpunkt in der entwicklung des weibes um zwanzig jahre verschoben. Jede frau wählt daher formen, die alle merkmale der jugend tragen. Ein beweis: lege die photographien aus den letzten zwanzig jahren einer frau nebeneinander. Sie wird ausrufen: »Wie alt habe ich vor zwanzig jahren ausgesehen!« Und auch du wirst zugeben müssen: auf dem letzten bilde erscheint sie am jüngsten.

Wie ich schon bemerkt habe, gibt es auch parallelströmungen. Die wichtigste, deren ende noch gar nicht abzusehen ist, dabei die stärkste, weil sie von England ausgeht, ist jene richtung, die das raffinierte Hellas erfand – die liebe Platos: das weib sei dem manne nur ein guter kamerad. Auch dieser strömung wurde rechnung getragen und sie führte zur schaffung des tailor made-costume, des vom herrenschneider gemachten kleides. In jener gesellschaftsschichte aber, in der auch bei der frau auf vornehme herkunft gesehen wird, im hochadel, wo die abstammung der frau noch nach generationen mitspricht, kann man eine emanzipation von der herrschenden damenmode bemerken, indem dort dem zuge auch nach äußerer vornehmheit gehuldigt wird. Die leute können sich dann nicht genug über die in der aristokratie herrschende einfachheit wundern.

Aus dem gesagten geht hervor, dass die führung in der herrenkleidung der mann innehat, der die höchste soziale position einnimmt, die führung in der damenmode aber jene frau besitzt, die für die erweckung der sinnlichkeit das meiste feingefühl entwickeln muss, die kokotte. Die kleidung der frau unterscheidet sich äußerlich von der des mannes durch die bevorzugung ornamentaler und farbiger wirkungen und durch den langen rock, der die beine vollständig bedeckt. Diese beiden momente zeigen uns, dass die frau in den letzten jahrhunderten stark in der entwicklung zurückgeblieben ist. Keine kulturperiode kannte einen so großen unterschied zwischen der kleidung des freien mannes und der des freien weibes wie die unsrige. Auch der mann trug in früheren epochen kleider, die farbig und reich geschmückt waren und deren saum bis zum erdboden reichte. Die grandiose entwicklung, die unserer kultur in diesem jahrhunderte zuteil wurde, hat das ornament glücklich überwunden. Ich muss mich hier wiederholen.[26] Je tiefer die kultur, desto stärker tritt das ornament auf. Das ornament ist etwas, was überwunden werden muss. Der papua und der verbrecher ornamentieren ihre haut. Der indianer bedeckt sein ruder und sein boot über und über mit ornamenten. Aber das bicycle und die dampfmaschine sind ornamentfrei. Die fortschreitende kultur scheidet objekt für objekt vom ornamentiertwerden aus.

Männer, die ihr verhältnis zu vorhergehenden epochen betonen wollen, kleiden sich heute noch in gold, samt und seide: die magnaten und der klerus. Männer, denen man eine moderne errungenschaft, die selbstbestimmung, vor-

26 Siehe s. 95 dieses buches.

enthalten will, kleidet man in gold, samt und seide: lakaien und minister. Und der monarch hüllt sich bei besonderen gelegenheiten in hermelin und purpur, ob es nun seinem geschmacke entspricht oder nicht: als erster diener des staates. Auch beim soldaten wird durch farbige und goldstrotzende uniformen das gefühl der hörigkeit erhöht.

Das lange, bis zu den knöcheln reichende gewand ist das gemeinsame abzeichen derer, die nicht körperlich arbeiten. Als körperliche und erwerbende tätigkeit noch unvereinbar war mit freier, adeliger abkunft, trug der herr das lange kleid, der knecht die hose. So ist es heute noch in China: mandarin und kuli. So betont bei uns der klerus seine nicht auf den erwerb gerichtete tätigkeit durch die soutane. Wohl hat der mann der obersten gesellschaftsschichten sich das recht auf freie arbeit erworben, bei festlichen anlässen trägt er aber noch immer ein kleidungsstück, das bis zu den knien reicht, den gehrock.[27]

Der frau aus diesen kreisen wird eine reine erwerbstätigkeit noch nicht zugestanden. In den schichten, in denen sie das recht auf erwerb erlangte, trägt sie auch die hose. Man denke an die kohlengräberin in den belgischen schichten, an die sennerin der alpen, an die crevettenfischerin der nordsee.

Auch der mann musste für das recht des hosentragens kämpfen. Das reiten, eine tätigkeit, die nur körperliche aus-

27 In England wird bei audienzen der königin, bei der parlamentseröffnung, bei hochzeiten usw. der gehrock getragen, während man in den rückständigen staaten den frack bei den erwähnten anlässen auch am tage trägt.

bildung, aber keinen materiellen gewinn erzielt, war die erste etappe. Dem blühenden, reitfreudigen rittertum des dreizehnten jahrhunderts haben die männer die fußfreie kleidung zu danken. Diese errungenschaft konnte ihnen das sechzehnte jahrhundert, in dem das reiten aus der mode kam, nicht mehr rauben. Die frau hat erst in den letzten fünfzig jahren das recht der körperlichen ausbildung erlangt. Ein analoger vorgang: wie im dreizehnten jahrhundert dem reiter, wird im zwanzigsten jahrhundert der radfahrerin das zugeständnis der fußfreien kleidung und der hose gemacht. Und damit ist der erste schritt zur gesellschaftlichen sanktion der frauenarbeit getan.
Das edle am weibe kennt nur die eine sehnsucht, sich neben dem großen, starken manne zu behaupten. Diese sehnsucht kann gegenwärtig nur erfüllt werden, wenn das weib die liebe des mannes erringt. Aber wir gehen einer neuen, größeren zeit entgegen. Nicht mehr die durch den appell an die sinnlichkeit, sondern die durch arbeit erworbene wirtschaftliche unabhängigkeit der frau wird eine gleichstellung mit dem manne hervorrufen. Wert oder unwert der frau werden nicht im wechsel der sinnlichkeit fallen oder steigen. Dann wird die wirkung von samt und seide, blumen und bändern, federn und farben versagen. Sie werden verschwinden.

KUNSTGEWERBLICHE RUNDSCHAU

(1. oktober 1898)

Wir haben eine neue dekorative kunst. Das lässt sich nicht leugnen. Wer die räume des möbelhauses Liberty in London, Bings l'Art nouveau in der rue de Provence in Paris, die vorjährige ausstellung in Dresden und die heurige in München gesehen hat, wird zugeben müssen: Die alten stile sind tot, es lebe der neue stil!

Und doch kann man seiner nicht froh werden. Es ist nicht unser stil. Er ist nicht aus unserer zeit heraus geboren. Wir haben ja gegenstände, die deutlich den stempel unserer zeit aufweisen. Unsere kleidung, unser gold und silberschmuck, unsere juwelen, unsere leder-, schildkrot- und perlmutterwaren, unsere wagen und eisenbahnwaggons, unsere fahrräder und lokomotiven gefallen uns sehr gut. Nur machen wir nicht so viel aufhebens davon.

Diese sachen sind modern, haben also den stil des jahres 1898. Wie verhalten sie sich aber zu den gegenständen, die heute für modern ausgegeben werden? Schweren herzens muss man antworten, dass diese gegenstände mit unserer zeit nichts zu tun haben. Sie sind voll von beziehungen zu abstrakten dingen, voll von symbolen und erinnerungen, sie sind mittelalterlich.

Aber aus diesem zeitalter sind wir heraus. Seit dem untergange des weströmischen reiches wurde noch in keiner zeit klassischer gedacht und gefühlt, als in der unsrigen. Siehe Puvis de Chavannes und Max Klinger! Wurde seit Aischylos' tagen hellenischer gedacht? Siehe den Thonetsessel! Ist er, schmucklos das sitzen einer zeit verkörpernd, nicht aus demselben geiste heraus geboren, aus dem der griechische stuhl mit den gebogenen füßen und der rückenlehne entstanden ist? Siehe das bicycle! Weht nicht der geist des perikleischen Athen durch dessen formen? Wenn die griechen ein bicycle zu bauen gehabt hätten, es hätte völlig dem unseren geglichen. Die griechischen bronzedreifüße — ich meine nicht die weihgeschenke, sondern die, die in gebrauch genommen wurden — gleichen sie nicht ganz unseren eisenkonstruktionen?

Ungriechisch ist es, durch die gegenstände, mit denen man sich zum täglichen gebrauche umgibt, seine individualität zum ausdruck bringen zu wollen. In Deutschland sieht man die größte mannigfaltigkeit in der kleidung, die deutschen sind daher von allen kulturvölkern das am wenigsten von griechischem geiste erfüllte. Der engländer hat für eine bestimmte gelegenheit nur einen anzug, ein bett, ein bicycle. Das beste ist ihm das schönste. Er wählt daher wie der grieche den besten anzug, das beste bett, das beste bicycle. Veränderungen an der form entspringen nicht der neuerungssucht, sondern dem wunsche, das gute noch zu vervollkommnen. Nicht den neuen sessel gilt es, unserer zeit zu geben, sondern den besten.

In den erwähnten ausstellungen sah man aber nur neue sessel. Der beste sessel wird auf neuheit nicht sonderlich viel anspruch machen können. Denn schon vor zehn jahren hatten wir recht bequeme sessel, und die technik des sitzens, die technik des ausruhens hat sich seither nicht so sehr verändert, dass dies auch schon durch eine andere form zum ausdruck kommen könnte. Die verbesserungen werden dem menschlichen auge nicht zum bewusstsein kommen können. Sie werden sich auf millimeter oder höchstens zentimeter in den dimensionen, in den holzstärken beschränken. Wie schwer ist es, den guten sessel zu finden! Und wie leicht den neuen! Dafür gibt es ein sehr einfaches rezept: Mache gerade das umgekehrte von dem, was die leute vor dir gemacht haben.

In München sah man einen regenschirmständer, an dem man wohl am besten, was ich über das beziehungsreiche, das mittelalterliche in gebrauchsgegenständen sagte, demonstrieren kann. Hätte ein grieche oder ein engländer die aufgabe gehabt, einen solchen ständer zu formen, so hätte er vor allem daran gedacht, schirmen einen guten standplatz zu verschaffen. Er hätte daran gedacht, dass die schirme leicht hineingestellt und leicht herausgenommen werden können. Er hätte daran gedacht, dass die schirme keinen schaden erleiden und man mit dem überzug nirgends hängen bleiben dürfe. Anders aber der nichtgrieche, der deutsche, der durchschnittsdeutsche. Diese erwägungen kommen für ihn an zweiter stelle. Hauptsache ist es für ihn, durch die dekorative gestaltung auf die beziehung dieses gegenstandes zum regenwetter hinzuweisen. Wasserpflanzen schlingen sich also in die höhe, und auf jeder sitzt ein frosch. Dass man an den scharfen blättern die schirme leicht zerreißen kann, ficht den deutschen nicht an. Er lässt sich ganz gern von seiner umgebung malträtieren, wenn er sie nur schön findet.

Die kulturhöhe, die die menschheit im klassischen altertum erreicht hat, lässt sich schlechtweg aus deren gedächtnis nicht mehr auslöschen. Das klassische altertum war und ist die mutter aller nachfolgenden kulturperioden. Befruchtet aber wurde es vom orient. Der osten bildete das große reservoir, aus dem immer neuer samen in das abendland strömte. Fast scheint es, als hätte uns Asien gegenwärtig den letzten rest seiner ureigenen kraft gegeben. Denn schon mussten wir in den entferntesten osten zurückgreifen, nach Japan und Polynesien, und nun sind wir zu ende. Wie gut hatte es das mittelalter! Da lag der orient noch unverbraucht da, und ein spaziergang nach Spanien oder in das heilige land genügte, um dem abendlande neue formenwelten zu erschließen. Der romanische stil wurde durch die arabischen anregungen zum gotischen. Die meister der renaissance hatten schon weiter zu reisen. Persien und Indien wurden durch sie für uns gewonnen. Man erinnere sich der persischen teppiche, ohne die es kein madonnenbildnis aus dieser zeit gibt, der deutschen intarsien und tauschierarbeiten. Das rokoko musste schon nach China gehen, während uns nur noch Japan übrig blieb.

Was ist nun das japanische unserer kunstanschauung? »Sie tragen ein reizendes kleid, gnädige frau. Aber was seh ich? Der eine ärmel hat eine masche, während der andere keine aufweist. Das ist japanisch. Sie haben einen reizenden blumenstrauß in ihrer vase. Lauter langstielige blumen: rosen, lilien, chrysanthemen. Auch das ist japanisch. Wenn wir nie unsere blicke nach Japan gerichtet hätten, würden wir dieses arrangement unerträglich finden. Fragen sie nur das bauernmädchen auf dem Semmering. Das kennt Japan noch nicht. Daher bindet es seine blumen auch unjapanisch. In der mitte eine recht große und dann die anderen immer im kreise herum. Das findet es schön.«

Japanisch ist also in erster linie das aufgeben der symmetrie. Dazu kommt die entkörperlichung der darzustellenden gegenstände. Die japaner stellen blumen dar, aber es sind gepresste blumen. Sie stellen menschen dar, aber es sind gepresste menschen. Ein stilisieren, wie geschaffen dazu, die fläche zu dekorieren. Und dabei kann man doch naturalistisch bleiben. Da ist vor allem die stickereitechnik, wie sie jedem, der freude an den naturformen hat, gelegen kommen muss. Es ist jene stickereitechnik, mit der Hermann Obrist, der größte unter den kunststickern der gegenwart, seine erfolge erzielt.

Von einem französischen künstler erzählt die septembernummer der führenden kunstgewerbezeitung »Art et décoration«. René Lalique ist dort ein aufsatz gewidmet. Lalique, der eines der größten goldschmiedehäuser in Paris sein eigen nennt, hat den mut, nur durch die form und nicht durch das material wirken zu wollen. Er verwendet kupfer neben gold und arbeitet weniger mit wertvollen steinen als mit opalen, achaten und karneolen. Das ist sympathisch. Und doch hat er nicht recht. Trotz der neuen form haben seine sachen nicht geist von unserem geist, sondern gravitieren in das fünfzehnte und sechzehnte jahrhundert. Sie erinnern uns an rauschende seiden und schwere samte, reiches pelzwerk und steife brokate. Es ist die welt Karls V. und Maximilians, des letzten ritters, die vor unserem blicke auftaucht. Aber in der zeit des flatternden leichten seidenkleides, in der zeit der gestärkten hemdbrust und des schwarzen frackes nehmen sich Laliques schmucksachen recht fremd aus. Wem gefielen sie nicht? Wer aber würde sie tragen wollen? Das gefallen daran ist nur platonisch. Unsere zeit verlangt kleinen schmuck — schmuck, der auf möglichst kleinem raume einen möglichst großen wert repräsentiert. Unsere zeit fordert vom schmuck destillierte kostbarkeit, einen extrakt des herrlichen. Deshalb müssen zu unserem schmuck die wertvollsten steine und stoffe verwendet werden. Der sinn des schmuckes liegt für uns im material. Die kunstarbeit muss sich also damit begnügen, das material möglichst zur geltung zu bringen. Die arbeit des goldschmieds kommt bei schmuck, der getragen werden soll, erst in zweiter reihe. Laliques schmuck ist richtiger vitrinenschmuck, wie gemacht, die schatzkammer eines mäzens zu füllen, der dann das volk huldvoll einlädt, die herrlichen sachen in seinem museum zu bewundern.

DIE ENGLISCHEN SCHULEN IM ÖSTERREICHISCHEN MUSEUM

(29. januar 1898)

In Wien ist man in den letzten jahren sehr empfindlich geworden. Holt man etwas von draußen herein und sagt den leuten: »Seht, so macht mans in Tripstrill oder Buxtehude«, so muss man es sich gefallen lassen, als stadtverräter und unpatriotischer mensch an den pranger gestellt zu werden. Ob es nun bilder oder sessel, opern oder taxameter sind, ist gleichgültig. Die freunde der wiener industrie behaupten dann: »Durch die vorführung ausländischer bilder, sessel, opern und taxameter wird die heimische bilder-, sessel-, opern- und taxameterindustrie geschädigt.«

Ich kann das nicht einsehen. Sind die sachen schlechter als die unseren — dann hurra! Dann können wir uns getrost in die brust werfen und uns über diese tatsache freuen. Dann wird durch die konstatierung dieser tatsache die wiener industrie einen neuen aufschwung erzielen. Wenn aber die sachen besser sind? Dann wirken sie nicht direkt, aber indirekt zur hebung der heimischen industrie. Denn das wiener gewerbe wird sie sich zum muster nehmen können, und die distanz, die das heimische vom fremden kunsthandwerk trennt, kann mit einem schlage ausgeglichen werden.

Hofrat von Scala hat englische schülerarbeiten ausgestellt. Sind die nun besser oder schlechter als die unseren?

Ich glaube, dass sie besser sind. Unsere fachschulen und kunstgewerbeschulen sind nämlich eine nachahmung der englischen einrichtungen. Da wir aber stillgestanden sind, während sich die engländer rapid vorwärts bewegt haben, befinden sich unsere schulen im besten falle auf dem standpunkte, auf dem sich die englischen vor zwanzig jahren befanden.

Bleiben wir also dabei, dass die englischen schülerarbeiten besser sind als die unseren. Dann sind wir verpflichtet, die distanz auszugleichen. Wir haben es ja verhältnismäßig leicht. Die engländer, als pfadsucher, urbarmacher und pfadfinder in einer unbekannten richtung und in einem unerschlossenen gebiet, haben zeit verloren. Ohne kraftvergeudung, ohne experimente können wir nun auf den bequemen, ausgetretenen pfaden nachrücken.

Unsere schulen haben den kontakt mit dem leben verloren. Dem schüler wird die gegenwart verleidet: »Oh, wie schön wars doch im mittelalter! Und erst zur renaissancezeit! Da rauschte es von brokaten und knisternden seiden. Hei, wie die pauken wirbelten und nackte frauen im zuge schritten, den könig einzuholen. Und schmuck, und farbe, und wallende federn! Und jetzt? Einfach grauslich. Karierte anzüge, telefondrähte, pferdebahngeklingel. Aber was geht das uns an? Wir wollen dastehen wie felsen im modernen hässlichen getriebe, mit rauschenden seiden und wallenden federn. Nieder mit dem telefon! Wenns aber sein muss? Dann wollen wir einen kompromiss eingehen. Wir versehen das telefongehäuse mit rokokoornamenten und die hörrohre mit rokokogriffen. Oder gotischen. Oder barocken. Je nach wunsch des bestellers.« Wie hieß das schlagwort, das in den letzten jahren in der kunstgewerbeschule geprägt wurde? »Alte möbel für moderne bedürfnisse.«

Das »stilvolle« telefongehäuse blieb uns erspart. Das verdanken wir nur dem umstande, dass das telefon nicht in Deutschland oder in Österreich, sondern in Amerika erfunden wurde. Bei den straßenautomaten waren wir nicht so glücklich. Auch unsere gaskandelaber fallen in diese kategorie und werden wohl selbst dem blinden den großen rückschritt zum bewusstsein bringen, der sich in der wandlung unseres geschmackes seit der aufstellung der letzten englischen vollzogen hat.

Den kontakt mit dem leben haben unsere schulen verloren. Fragt nur unsere industriellen, kunsthandwerker und geschäftsleute. Da herrscht nur eine stimme: Die jungen leute aus unseren schulen sind unbrauchbar. Sie können was, das ist wahr. Aber sie können gerade das, was am wenigsten bezahlt wird. Sie beherrschen den münchner bierkneipenstil, den stil jener leute, die für eine mark drei gänge und ein dessert beanspruchen. Sie können lusterweibchen machen und den lieben, guten, alten altdeutschen dekorationsdivan, der seit einem jahrzehnt tagtäglich von zwanzig sängerinnen in zwanzig wiener »kleinen anzeigern« zu einem bruchteile des anschaffungspreises angeboten wird. Vom geschmacke des kaufkräftigen publikums, also jenem geschmacke, der bei Förster oder Würzl kultiviert wird, wurde den jungen erzählt, dass er »unkünstlerisch« sei. Diese geschäfte aber, ich könnte ja dutzende von namen nennen, haben stets im »englischen« geschmacke, oder besser gesagt, im vornehmen geschmacke gearbeitet. Denn alles vornehme nennen die wiener jetzt englisch.

Wie könnten unsere schulen den anschluss an das leben wiedergewinnen? Die gegenwärtige ausstellung der engländer gibt uns die beste antwort. Wir sehen, wie dort die guten jahresarbeiten aus den verschiedenen schulen nach London wandern, um einer prüfung unterzogen zu werden. Dadurch hat man die schulen von einer stelle aus in der hand. Man kann sich mit leichtigkeit davon überzeugen, wo etwas gutes gearbeitet wird. Man kann der schule, die ein wenig zurückbleibt, neues blut in gestalt eines tüchtigen lehrers oder direktors zuführen. Wir haben ja auch etwas ähnliches: die inspektoren. Aber ist das englische system nicht einfacher und praktischer?

Die eingesendeten arbeiten werden also geprüft und die besten davon prämiert. Von wem? Nun, wohl von den dazu durch den staat bestimmten organen. Falsch! Die engländer machen das anders. Die sagen sich: Ein schulinspektor mag ja einen sehr guten geschmack besitzen; er wird diejenigen sachen für die besten halten, die seinem wesen, seinen bedürfnissen am meisten entsprechen. Aber die welt besteht nicht aus schulinspektoren. Viel besser eignen sich künstler und industrielle zu dergleichen. Die wissen am besten, was uns frommt, was wir vermeiden müssen und was wir brauchen. Dieses jahr gab es etwa dreißig juroren (examiners, wie sie der bericht nennt). Namen wie Arthur Hacker, Fred Brown und Walter Crane fallen uns auf. Keiner hängt in irgendeiner weise mit den schulen zusammen.

Zu drei und drei liegt diesen juroren die pflicht ob, die in gruppen geteilten arbeiten zu begutachten. Sehen wir zu, wie sie ihre aufgabe erledigen. Nehmen wir die gruppe der architektur.

Wir lesen: examiners: professor G. Aitchison, R. A.; T. G. Jackson, R. A.; J. J. Stevenson.

»Architektonische entwürfe.

Die qualität der arbeiten in diesem jahre erreicht nicht das hohe niveau der arbeiten des vorjahres. Die examiners freuen sich über die vielen entwürfe für arbeiterwohnhäuser und würden es gern sehen, wenn man mehr konkurrenzen für solche aufgaben ausschriebe.

Einige pläne zeigen, dass sich die architekten wenig zeit genommen haben; die examiners sind der meinung, dass man beim entwerfen nicht hudeln soll (that planning should not be hurried).

Die examiners wiederholen, worauf sie jahr für jahr aufmerksam machen mussten, dass halbe holzkonstruktionen, wenn sie überhaupt angewendet werden (zum beispiel stein im parterre, holz oben), echt sein müssen. Sie wiederholen ihren wunsch vom letzten jahre, die übertrieben gezierten buchstaben bei der beschreibung der pläne zu unterlassen, da viele aufschriften nur mit mühe entziffert werden konnten.

Die examiners bemerkten einige pläne, die symmetrisch angelegt waren, obwohl die symmetrie den bauwerken folgerichtig nicht entsprach.

Die himmelsgegenden sollten bei allen plänen angegeben sein.«

Dann folgt die kurze kritik der einzelnen blätter. Zum beispiel:

»Die zeichnung von Allan Healey aus der Bradford-kunstschule (technical college) für ein pult mit lichtschirm zeigt einige erfindung, doch ist das material nicht beschrieben; die details sind roh.«

So müssen sich alle einer ziemlich herben kritik unterwerfen. Bei den entwürfen für linoleum heißt es etwa:

»Sie sind so armselig (poor), dass keine auszeichnung auf sie entfallen kann.«

Von solchen leuten beurteilt zu werden und preise zu erhalten, ehrt schüler und anstalten. Die fabrikanten kaufen prämierte arbeiten sofort an, und viele der tapeten, die uns aus der 1897er klasse in originalzeichnungen vorgeführt werden, haben ihren weg in den welthandel gefunden und sind auch in Wien schon käuflich.

Wir sehen also, wie in England die schule mitten im leben steht. Kunst und leben ergänzen sich friedlich. Bei uns aber heißt es: kunst kontra leben!

WANDERUNGEN IM ÖSTERREICHISCHEN MUSEUM

(27. november 1898)

In einer schule wurde geographie gelehrt, jahraus, jahrein. Europa, Asien, Afrika, Australien und Amerika. Aber das schulbuch, das in dieser schule im gebrauche war, hatte ein loch. England fehlte. Warum? Nun, weil die engländer sich in der stadt, in der die schule stand, der sympathien der bevölkerung nicht erfreuten. Man dachte, den engländern einen besonderen tort anzutun, wenn man sie ignorierte. Da kam ein neuer schulleiter. Mit betrübnis sah er, dass seine schüler in Tokio und Venedig, Samarkand und Paris wie zu hause waren, dass sie aber Chippendale und Sheraton — pardon London und Liverpool nicht einmal dem namen nach kannten. Diesem übelstande beschloss er abzuhelfen.

Die weitblickenden, fleißigen schüler konnten dem neuen lehrer nicht genug danken, als er ihnen durch die aufnahme Englands in den lehrplan eine neue welt erschloß. Die faulen aber fanden das sehr überflüssig. Da sich aber die dankbarkeit immer in der stille äußert, während das übelwollen mit geräusch verbunden ist, glaubte man außerhalb der schule, dass alle schüler gegen die neue einführung seien.

Zudem hatten die fleißigen mit dem neuen studium vollauf zu tun und zum demonstrieren keine zeit.

*

Das herrenschlafzimmer, das sich im parterre des säulenhofes befindet, ist ein reizender raum. Er hat seine fehler. Gewiss. Die decke ist kein raumabschluss. Das grüngebeizte holz schreit nach einem stückchen weißer mauer, und da wäre, weil auch die wände mit stoff überspannt sind, die decke gerade der rechte platz gewesen. Das war ja das geheimnis des durchschlagenden erfolges, den das Otto Wagner-schlafzimmer auf der jubiläumsausstellung zu verzeichnen hatte. Wenn aber die decke auch noch den grünen ton der möbel hat, hält es ja kein mensch in der grünen sauce aus. Zudem wurde noch das unglücklichste deckenmotiv gewählt. das man sich denken kann: ein eiserner rost, um den sich laubwerk rankt. Bei regenwetter hält man es nur dann unter einem solchen plafond aus, wenn man den regenschirm aufspannt.

Das sind einwendungen, die natürlich mit dem eigentlichen zimmer, mit der tischlerarbeit, nichts zu tun haben. Diese ist vorzüglich. Die prächtigen holzschnitzereien von der hand Zeleznys. die echt tischlerische profilierung geben dem raume, trotz den neuen formen, etwas altmeisterliches. Architekt Hammel hat ihn entworfen. Er hat sich in die seele des tischlers hineingedacht und den architekten in sich zu überwinden getrachtet. Daraus folgt aber, da das zimmer zur gänze von seiner hand herrührt, dass die messingbeschläge der tischlerarbeit nicht gleichwertig sein können. Die sind nämlich auch tischlerisch und weisen sogar dasselbe ornament auf wie das holz. Das bett kann bei tage durch portieren den blicken des besuchers entzogen werden. Ich halte das für überflüssig. Es wäre schrecklich. wenn sich wieder die ansicht einschleichen würde – die in der ersten hälfte unseres jahrhunderts geltend war –, dass das schlafen und das schlafengehen etwas seien, was man schamhaft seinen mitmenschen verbergen müsse. Dafür ist der waschtisch umso praktischer, der gegen die wand zu mit kacheln verkleidet ist.

Im ersten stockwerke des säulenhofes steht ein sessel. Dieser sessel bildet einen jener anklagepunkte gegen hofrat von Scala, die von der gegnerischen seite erhoben werden. Hören wir die stimme eines »hervorragenden fachmannes«. Er schreibt: »Es ist unglaublich, was man jetzt unter der neuen museumsleitung für minderwertige objekte in den ausstellungen sieht! Jetzt kann man sessel mit strohgeflecht in der allereinfachsten ausführung, ganz gute arbeit, aber doch beileibe nicht kunstwerk, exponiert sehen.«

Das ist ein schwerer vorwurf. Hofrat von Scala hat doch den erwähnten sessel – denn der ist einmal keine erfindung – sofort entfernt, um nicht die entrüstung der hervorragenden fachautorität weiter hervorzurufen? Aber nein! Er wird weiter ausgestellt und beleidigt weiter das ästhetische gefühl jener herren, die nicht anders als nur auf kunstwerken sitzen können.

Es wäre vergeblich, mit jenem fachmann darüber zu reden, dass der einfachste strohsitz, von der hand eines menschen verfertigt, tausendmal höher steht, als der mit der reichsten lederpressung, welche durch die maschine hergestellt wird. Er würde mich nicht verstehen. Aber vielleicht kann man ihm in anderer weise beikommen. Jener sessel kostet, obgleich er — dies sei gerne zugestanden — die allereinfachste form aufweist und nur einen strohsitz hat, dank seiner mustergültigen ausführung zwanzig gulden. Ich kenne aber polierte und geschnitzte sessel mit reichem ledersitz, die um zehn gulden verkauft werden. Und nun behaupte ich: Dieser einfache stuhl ist dem österreichischen kunstgewerbe nützlicher als der reiche zehnguldenstuhl. Denn er erzählt uns, dass gute arbeit etwas ist, was bezahlt werden muss, er hebt das gefühl für den wert im publikum. Und das ist auch eine mission! Glauben sie nicht auch?

*

Ist es nicht auffallend, dass die kühnsten neuerer, also die tüchtigsten menschen, auch die tiefste verehrung für die werke ihrer vorfahren bekunden? Eigentlich nicht. Denn die tüchtigkeit kann nur wieder von der tüchtigkeit gewürdigt werden. Man wird sich daran erinnern, welches aufsehen die hochmodernen möbel eines wiener ateliers in der ausstellung der Secession hervorgerufen haben. Und dasselbe atelier bringt uns diesmal eine genaue kopie eines saales des schlosses Esterházy bei Ödenburg. Auch aus einem andern grunde ist das nicht auffallend. Das genaue kopieren ist nämlich unverhältnismäßig schwerer als das beiläufige. Das weiß jeder maler. Da die mittelmäßigkeit stets in der majorität ist, werden sich bedeutend mehr stimmen für das beiläufige kopieren aussprechen als für das korrekte. Aber das publikum kann sich ja entscheiden.

Ich kann mich nicht erinnern, das aristokratische milieu vornehmer feudalsitze des vorigen jahrhunderts je besser eingefangen gesehen zu haben als in diesem raume. Wäre nicht der leimgeruch, man würde darauf schwören, sich in einem alten adeligen herrensitze zu befinden. Welche arbeitsfreudigkeit, welches feingefühl, welche sensibilität setzt das voraus! Sieben jahre hat sich das atelier mit der renovierung des schlosses beschäftigt, und als frucht dieser langen zeit hat es uns diesen saal geschenkt. Quantitativ nicht viel, dafür aber qualitativ. Dass auch wirklich alte möbel, meisterwerke der tischlerkunst aus dem vorigen jahrhundert, in dem saale aufstellung gefunden haben, kann nur engherzigkeit als fehler anrechnen. Im gegenteile, sie beweisen uns, dass die moderne wiener arbeit mit erfolg neben der alten bestehen kann.

*

Dem für das kunstgewerbe so gefährlichen strohsessel gegenüber befindet sich ein wandleuchter für drei kerzen. Obwohl aus messing, kann er seine schmiedeeiserne abstammung nicht verleugnen. Man kann nicht besser in schmiedeeisen denken. Der schmied nahm so und so viel zoll bandeisen, schlitzte es an bei den enden, spreizte die enden auseinander, schweißte auf der einen seite ein neues stück in der breite des geschlitzten eisens ein, um den dritten arm zu gewinnen, verbreiterte auf dem ambos die anderen enden, um bohrlöcher für nägel, die dann die wandbefestigung übernehmen, anbringen zu können, feilte diese verbreiterten enden gefällig zurecht und bog das so präparierte bandeisen in die gehörige form. Fertig! Und hinterdrein imponiert einem das ding, obwohl man nicht einfacher, primitiver denken kann. Es ist der hauch der natürlichkeit, der diesem wandleuchter entströmt. Wir freuen uns, endlich einmal den schwarzschmied in seiner sprache reden zu hören, nachdem er jahrzehntelang in bombastischen, unverdauten phrasen zu uns gesprochen hat. Aber eines möchte man bitten: Man gebe dem schmiede seinen ureignen gedanken zurück und lasse den leuchter in schmiedeeisen ausführen.

DAS SCALA-THEATER IN WIEN

(5. november 1898)

VORSPIEL

Spielt in der vor-Scala-periode

Vestibül des Österreichischen Museums

Besucher, bureaudiener

Besucher: Kann ich den herrn direktor sprechen?
Diener: Nein. der herr direktor kommt erst so um zwölfe.
Besucher: Und wann geht er denn wieder fort?
Diener: Auch ... so um zwölfe.

Versammlung im kunstgewerbeverein

Redner: … und so glaube ich denn, alle gründe wohl erwogen zu haben, die sich gegen die alljährliche abhaltung einer weihnachtsausstellung anführen lassen. Die veränderungen im kunstgewerbe sind nicht so bedeutend, dass man das interesse des publikums jedes jahr wacherhalten könnte. Ich beantrage daher, nur alle drei jahre eine solche ausstellung abzuhalten.

(Der antrag wird angenommen.)

Auf der straße

1. tischler: Wo kommst du denn her?

2. tischler: Aus der weihnachtsausstellung.

1. tischler: Hast vielleicht ausgestellt?

2. tischler: Ausgestellt! Wer? Ich? Bin ich kaiserlicher rat? Bin ich kommerzialrat? Bin ich ritter des Franz Josephordens? Das weißt du ja selbst, dass das für unsereinen nichts ist. Um ausstellen zu können, braucht man zwar nur mitglied des kunstgewerbevereines zu sein, aber soll man sich da hineindrängen? Du weißt ja, wie wir kleinen leute da drin behandelt werden.

1. tischler: Aber vielleicht kann man auch ohne den verein ausstellen.

2. tischler: Da würdest du schön ankommen! Der staat, also die steuerzahler, haben in diesem hause nichts zu reden. Der kunstgewerbeverein macht alles. Das haus wird vom staat erhalten, aber wer nicht der clique angehört, hat drin nichts zu suchen.

1. tischler: Da wäre also das ganze nur das vereinshaus eines privaten vereines?

2. tischler: Ja, ja, es wird schon so sein!

1. AKT

Spielt in der Scala-periode

1. szene:

Im ministerium für kultus und unterricht

...und so bitte ich sie, lieber hofrat, ihr hauptaugenmerk auf die beseitigung der missstände zu richten, die sich in der nun ihrer obhut anvertrauten anstalt eingeschlichen haben. Wir kennen sie als einen mann von initiative. Möge es ihnen gelingen, unser kunstgewerbe von der gegenwärtigen stagnation zu befreien, neue anregungen zu geben und den anschluss an die modernen kunstgewerbebewegungen zu finden.

2. szene:

Im bureau des neuen direktors

1. museumsbeamter: Herr hofrat, der mir angewiesene raum genügt kaum, um den vierten teil unserer keramischen sammlung unterzubringen.

Hofrat: Nehmen sie den saal A dazu.

1. museumsbeamter: Den hat ja der kunstgewerbeverein.

Hofrat: Ja dann …

(1. museumsbeamter ab)

2. museumsbeamter: Herr hofrat, die möbelsammlung aus dem vorigen jahrhundert hat im arkadenhof keinen platz.

Hofrat: Nehmen sie den saal B dazu.

2. museumsbeamter: Den hat ja der kunstgewerbeverein.

Hofrat: Ja dann …

(2. museumsbeamter ab)

3. museumsbeamter: Herr hofrat, soeben mache ich die entdeckung, dass ein großer und wertvoller teil unserer

textilsammlung in den feuchten magazinen[28] der vermoderung zum opfer gefallen ist. Kostbare spitzen, stoffe aus ägyptischen königsgräbern, alles, alles ist unrettbar verloren!

Hofrat: Was noch gerettet werden kann, ist sofort im saal C aufzustellen.

3. museumsbeamter: Den hat ja der kunstgewerbeverein.

Hofrat: Ja dann …

(3. museumsbeamter ab)

Diese szene kann nach belieben weitergeführt werden.

3. szene:

Hofrat (schreibt): …und angesichts des empfindlichen platzmangels erachte ich es als meine pflicht als direktor der mir vom staate anvertrauten anstalt, den kunstgewerbeverein zu bitten, mir die bisher von ihm innegehabten räume so bald als möglich zur verfügung zu stellen. In der weiteren überlassung so wichtiger räume an einen ganz privaten verein erblicke ich eine verkürzung der übrigen kunstgewerbe-

28 Das Österreichische Museum musste wegen platzmangels leider den größten teil seiner sammlungen in magazinen unterbringen.

treibenden und des publikums. Ich bin der meinung, dass alle staatsangehörigen Österreichs, ohne unterschied der vereinszugehörigkeit, das gleiche recht auf dieses haus besitzen.

4. szene:

Im kunstgewerbeverein

1. mitglied: Das ist unerhört!

2. mitglied: Infam!

3. mitglied: Unverschämt!

4. mitglied: Also, wir sollen hinaus?

1. mitglied: Ja, sind wir die herren im haus, oder sind wirs nicht? Man muss ihm den standpunkt klarmachen!

2. mitglied: Andere leute will er auch ausstellen lassen!

3. mitglied: Auch die andern sollen verkaufen dürfen!

Alle (schreiend): Händler!

5. szene:

Im direktionszimmer

Hofrat: Das ist schade! Ich habe geglaubt, dass ich allen vorhandenen raum für die weihnachtsausstellung des museums zur verfügung haben werde. Und nun will der kunstgewerbeverein auch eine veranstalten. Man hatte doch beschlossen, nur alle drei jahre auszustellen. Es kommt also unerwartet. Ich werde mich halt einschränken müssen. Dafür werde ich wohl hoffentlich nächstes jahr mit der weihnachtsausstellung allein sein? Weihnachtsausstellung? Nein, den namen hat sich der verein selbst geschaffen. Es wäre nicht fair, wenn ich ihn usurpieren würde. Ich muss einen anderen suchen. Sagen wir winterausstellung.

(Es klopft. Der diener meldet den tischlermeister Kleinhuber.)

Tischler Kleinhuber (mit vielen bücklingen und kratzfüßen, in wiener hochdeutsch sprechend): Herr hofrat, entschuldigen schon, euer gnaden, wenn ich mir erlaube, entschuldigen schon vielmals, ich bin zwar nur ein kleiner meister, aber der Kratochwil, den herr hofrat, bitt um verzeihung, schon kennen, hat mir gesagt: Kleinhuber, hat er gesagt, ich heiße nämlich Kleinhuber, herr hofrat werden schon entschuldigen ...

Hofrat (ihn unterbrechend): Aber was wollen sie denn, lieber mann? Wollen sie vielleicht bei mir ausstellen?

Kleinhuber (freudig und hastig): Ja, ausstellen!

Hofrat: Na also, da wären wir ja!

Kleinhuber (wieder schüchtern): Ja, aber, herr hofrat, ich bin nur ein kleiner meister, ich arbeite nur mit einem gehilfen und zwei buben, entschuldigen schon.

Hofrat: Das ist mir alles eins. Das museum ist für alle gewerbetreibenden da. Die begünstigungen, die bisher nur einem privaten verein eingeräumt wurden, sollen von nun an allen gewährt werden. Darf dieser verein hier ausstellungen veranstalten, sollen es die anderen auch tun. Darf dieser verein hier seine erzeugnisse verkaufen, dürfen es die anderen auch. Jedermann hat im hause des staates dasselbe recht. Ein haus, das von allen staatsbürgern erhalten wird, ist auch für alle staatsbürger da. Das mag dem verein sehr unangenehm sein: aber die anderen kunstgewerbetreibenden müssen auch berücksichtigt werden. Sagen sie das ihren kollegen und schicken sie mir recht viele her. Die leute sind alle verschüchtert. Aber ich werde schon arbeiten, bis das haus wirklich das wird, was seinen gründern vorgeschwebt hat: Ein mittelpunkt für das österreichische kunstgewerbe, aus dem sich jedermann, jedermann, kraft, anregung und belehrung holen kann. Man schilt mich einen händler! Ich habe das verkaufsrecht durchaus nicht eingeführt. Ich musste es verallgemeinern. Das erforderte die gerechtigkeit. — Was wollen sie denn ausstellen?

Kleinhuber (hat mit wachsendem erstaunen zugehört): Oh, herr hofrat, wenn sie schon so gut sind, einen kasten, der schon zwanzig jahre bei mir steht und den niemand kaufen will, möcht ich gern ausstellen. Hier verkauf ich ihn sicher.

Hofrat: Ja, das geht freilich nicht, mein lieber. Sie sind im irrtum! Aber ich kann es ihnen nicht verargen. Waren doch die weihnachtsausstellungen bisher nur dazu da, in den reichen beständen einiger möbelmagazine aufzuräumen. Nun ist es aber anders. Muss schon verkauft werden, so sei das nur mittel zum zweck. Der zweck aber ist, das publikum mit den neuesten errungenschaften des kunstgewerbes bekannt zu machen. Dabei soll auch das alte nicht zu kurz kommen. Besonders müssen jene gebiete gepflegt werden, die dem publikum aus einem oder dem anderen grunde noch fremd sind. So ist die ganze möbelindustrie Englands aus dem vorigen jahrhundert den wienern unbekannt. Die erste winterausstellung wird also den zweck verfolgen, diese periode dem publikum in guten kopien vorzuführen. Ich kann ihnen ein englisches original, das dem museum gehört und natürlich unverkäuflich ist, als muster mitgeben. Aber sie können auch selber was machen. Dann müssen sie sichs aber gefallen lassen, dass ich über die ausstellungsfähigkeit dieses gegenstandes entscheide. Denn dafür, was in diesem hause, dem hause des staates, ausgestellt werden darf und was nicht, bin ich allein dem staate verantwortlich. Der staat erwartet von mir, dass ich in diesem hause, das im letzten jahrzehnt zu einer verkaufshalle des kunstgewerbevereines wurde, wandlung schaffe. Meine ernennung in dieses haus erfolgte auf grund meiner tätigkeit im handelsministerium. Wenn ich jetzt hier nach anderen prinzipien verführe und nachgäbe, wäre es ein betrug am staat. Also, wollen sie kopieren oder wollen sie etwas neues schaffen?

Kleinhuber: Lieber kopieren, herr hofrat, wenn ich bitten darf, selber machen trau ich mich noch gar nichts, später wirds vielleicht schon gehen, wenn ich weiß, woraufs ankommt.

Hofrat: Also kommen sie bald wieder, ich werde ihnen nächstens etwas aussuchen.

Kleinhuber (im abgehen für sich, kopfschüttelnd): So was! ... Hast so was schon gsehn! Und der will a hofrat sein? Das ist ja gar ka hofrat. Das ist ja net amal ein beamter.

2. AKT

1. szene:

Nach abschluss der winterausstellung von 1897

In der versammlung des kunstgewerbevereines

1. mitglied: Miserabel wars.

2. mitglied: Gedrängt haben sich die leute, als wenn sie drin etwas geschenkt bekämen!

3. mitglied: Ja, so wird das kunstgewerbe entwürdigt!

4. mitglied: Und weggekauft wurden die sachen, wie die warmen semmeln.

1. mitglied: Das ist bei uns niemals vorgekommen!

Alle (mit überzeugung): Nein, niemals!

2. mitglied: Wenn das der selige Eitelberger noch erlebt hätte!

3. mitglied: Wo bleibt die kunst?

4. mitglied: Lauter gebrauchsgegenstände!

1. mitglied: Uns das geschäft so zu verderben!

2. mitglied: Jawohl, verderben!

1. *mitglied*: Ich habe nämlich ein ganzes lager altdeutscher möbel, kein mensch will sie mehr kaufen.

3. *mitglied*: Mir gehts genauso.

1. *mitglied*: Da habe ich ihm den rat gegeben, zum besseren verkaufe meines lagers — pardon, zur hebung des heimischen kunstgewerbes — mehr die altdeutsche richtung einzuschlagen. Glaubt ihr, er hat sich darnach gerichtet?

4. *mitglied*: Frechheit!

2. *mitglied*: Und englische möbel auszustellen! Ich habe allerdings schon seit jahren möbel aus London importiert, aber …

3. *mitglied*: Ich auch.

4. *mitglied*: Ich auch.

1. *mitglied*: Ich auch.

2. *mitglied*: …das macht nichts. Quod licet bovi, non licet Jovi.

3. *mitglied*: Und jetzt kann jeder tischler die englischen möbel nachmachen, während wir früher mit müh und not die sachen von Maple und Henry importieren mussten!

4. *mitglied*: Ja, so wird das wiener kunstgewerbe geschädigt.

1. *mitglied*: Wo sind die schönen zeiten, wo wir die geschäfte im museum geführt haben!

2. *mitglied*: Der nimmt sich heraus, alles selber machen zu wollen!

3. *mitglied*: Von acht uhr früh bis sieben uhr abends sitzt er da. Wann hat man das von einem hofrat erlebt! Gschaftelhuberei!

4. mitglied: Und mit jedem kleinen menschen fraternisiert er. Alle die leut, bei denen ich früher hab arbeiten lassen, stellen jetzt selber aus.

1. mitglied: Aber das nächstemal werden wir ihm schon beweisen, dass auch wir besucher und käufer heranziehen können!

2. mitglied: Aber wie?

3. mitglied: Vielleicht kommts auf den namen an. Nennen wir unsere ausstellung in hinkunft auch winterausstellung.

4. mitglied: Gewiss. Das wirds sein. Aber bald. Gleich nächstes jahr. Die veränderungen im kunstgewerbe sind so bedeutend, dass es unbedingt notwendig ist, jedes jahr die weihnachts... — pardon — winterausstellung zu veranstalten.

1. mitglied: Und der hofrat muss raus!

2. mitglied: Raus!

3. mitglied: Rraus!

4. mitglied: Rrraus!

1. mitglied: Aber wie?

2. mitglied: Ja, wie?

3. mitglied: Ich weiß schon! Wir behaupten ganz einfach, dass seine aussteller nur protektionskinder sind!

4. mitglied: Oder dass die objekte in seinen geheimen fabriken im museum selbst hergestellt werden.

1. mitglied: Oder dass die sachen gar nicht hier gemacht wurden, sondern alle aus England bezogen werden.

2. mitglied: Oder dass er möbelagent einer londoner möbelfirma ist.

3. mitglied: Commis voyageur!

4. mitglied: Aber wird man uns das glauben?

1. mitglied: Na, die nötigen »gewährsmänner« kann ich schon bei einigen blättern aufbringen.

2. mitglied: Und schließlich, wenn alles nichts hilft, haben wir ja noch immer unseren protektor!

3. mitglied: Jawohl, zu unserem protektor müssen wir gehen!

4. mitglied: Gewiss. Der wird uns schon wieder hineinhelfen!

2. szene:

Im kaffeehause

1. fabrikant: Wie, was habe ich gehört? Sie, als mitglied des kunstgewerbevereines, stellen beim Scala aus?

2. fabrikant: Ja, warum denn nicht? Ich zahle meinen mitgliedsbeitrag. Damit fertig. Mit dem vereine will ich gar nichts zu tun haben. Ich komme ja nie in die ausstellungen.

1. fabrikant: Aber schadet ihnen die mitgliedschaft nicht beim hofrat?

2. fabrikant: Ganz und gar nicht. Es sind ja fünfzig prozent seiner aussteller mitglieder des kunstgewerbevereines!

3. szene:

Im bureau des Österreichischen Museums

1. mitglied (als sprecher einer deputation des kunstgewerbevereines): Herr hofrat, wir möchten sie ersuchen, den beschluss, nach welchem die ausstellungsobjekte während der besuchsstunden nicht ins haus gebracht werden dürfen, wieder aufzuheben.

Hofrat: Das geht nicht. Müssen meine aussteller die besuchsstunden respektieren, kann ich ihnen kein vorrecht einräumen. Der hinweis auf die früheren direktionsperioden ist für mich nicht maßgebend.

Mitglied: Aber für uns wird dann die ganze ausstellung in frage gestellt. Die wagen müssen erst im Prater vorfahren und können frühestens um neun uhr beim museum eintreffen.

Hofrat: Im Prater? Befinden sich denn ihre werkstätten im Prater?

Mitglied: Das nicht, aber die ausstellung.

Hofrat (dem es zu dämmern beginnt): Wie – sie wollen –

Mitglied: Natürlich! Wir wollen die sachen, die wir in der jubiläumsausstellung nicht angebracht haben, im Österreichischen Museum zu verkaufen suchen.

Hofrat: – ? – !!!

(Das gespräch wird sehr stürmisch.)

4. szene:

In der versammlung des kunstgewerbevereines

1. mitglied: Wisst ihr, was passiert ist?

Alle: Nein!

1. mitglied: Rausgeworfen!!

Alle (freudig): Endlich!!

1. mitglied: Sie missverstehen mich, meine herren. Uns hat er — —

Alle (entrüstet): Unerhört!

1. mitglied: Ja, er behauptet, dass er sich in seinem zimmer keine grobheiten gefallen zu lassen brauche!

2. mitglied: Ja — was — glaubt — denn — der? Wird er denn nicht von unseren steuergeldern erhalten? Er ist ja doch nur ein beamter! Zu was ist er denn da?!

Alle: Keine grobheiten will er sich gefallen lassen? Wir werden an die stufen des thrones gehen und uns über den mann beschweren!

3. AKT

Dieser akt wird gegenwärtig gespielt. Von dem ausgang dieses wiener stückes werden wir die leser rechtzeitig in kenntnis setzen. Sollte sich vielleicht die notwendigkeit ergeben, weitere szenen aus den früheren akten mitzuteilen, so soll dem rechnung getragen werden.

MEIN AUFTRETEN MIT DER MELBA

(20. april 1900)

Als ich im jahre 1895 externer berichterstatter des »New Yorker bannerträger« war, fand ich eines tages im briefkasten folgendes billet:

Sehr geehrter herr!

Bitte mich morgen zwischen 11 und 12 in der redaktion aufzusuchen.

John Smith

Chefredakteur des »New Yorker bannerträger«

Ich verfügte mich zur festgesetzten stunde in die redaktion, wo mir der chefredakteur folgende frage vorlegte: »Sagen sie, herr L., können sie musikreferate schreiben?« Ich wollte ihm zuerst mitteilen, dass ich vollständig unmusikalisch sei und mich besonders zusammennehmen müsse, um einen violinschlüssel von einem haustorschlüssel zu unterscheiden. Allein ich unterdrückte diese antwort. Es fiel mir ein, dass ich von einem weisen manne bei meiner ankunft im neuen lande folgende lebensregel gehört hatte: »Wenn sie in Amerika jemand fragt, ob sie dies oder jenes können, so antworten sie vor allem mit einem stolzen und freudigen ja! Dann kann es ihnen nicht schlecht gehen.«

Ich sagte daher: »Aber natürlich, herr Smith, das ist ja gerade mein fach!«

»Das trifft sich ausgezeichnet. Wie sie wissen, schreibt herr Schulze, der besitzer der bekannten klavierschule, unsere konzertreferate. Da wir aber keine freibillets für die oper besitzen, so hat bisher herr Alexander Neumann, der fast mit allen logenbesitzern bekannt ist, das opernreferat innegehabt. Herr Neumann verlässt uns aber und geht zur englischen presse über. Wollen sie nun die oper übernehmen? Allerdings können wir ihnen für die aufführung nur ein stehparterre-entrée bezahlen. Lassen sie sich aus der kasse einen dollar und fünfzig cents ausfolgen. Morgen ist saisoneröffnung. Wir erwarten bis spätestens ein uhr nachts den bericht.«

Ich ging. Der kassier zahlte mir den dollar und die fünfzig cents aus. Mir war etwas bange geworden. Die Sache schien mir nicht recht geheuer. Ich begab mich sofort in das café Manhattan und studierte die musikberichte sämtlicher blätter. Ich sah bald: hauptsache sind die fachausdrücke. Das imponiert. Es-dur, dreigestrichenes C, kontrapunkt, dynamik, crescendo. Nach drei stunden wusste ich genug. Ruhig sah ich dem morgigen tag entgegen.

Ein bekannter war am nebentisch aufgestanden, zahlte und zog den rock an. Wir begrüßten uns. »Wie gehts? - wohin?« — »In die Metropolitan-oper?« — »Was dort?« — »Ich bin wohlbestallter statist an diesem kunstinstitut. Ja, was wollen sie, in Amerika muss man ergreifen, was sich einem bietet.«

Die entschuldigung erfolgte wohl, weil ich ein etwas merkwürdiges gesicht machte. Dieses merkwürdige gesicht rührte aber von einem ganz anderen gedanken her. Wie wäre es, kalkulierte ich, wenn ich mich diesem manne anschlösse? loh könnte dann ein- und einen halben dollar ersparen und doch die vorstellung mitmachen. Und dann: statieren dürfen, wer wollte das nicht?!

Ich sagte daher: »Sie irren, lieber freund, ich finde ihren beruf im gegenteil beneidenswert. Sie scheinen nicht zu wissen, dass ich zehn jahre der komparserie der wiener hofoper angehört habe. Das ist ja gerade mein fach! Würden sie mich nicht mitnehmen?«

Mein freund lächelte gönnerhaft. »Kommen sie, ich will es versuchen.« Wir bestiegen den cablecar und waren in zehn minuten an der ecke der 49. straße des Broadway. Hier wurde ich dem statistenführer vorgestellt. »Waren sie beim militär?« fragte er.

»Gewiss«, sagte ich, »ich war zehn jahre offizier, das ist ja gerade mein fach!«

»Dann sind sie engagiert.« Darauf rief er in die kulisse: »Die wache ist komplett!«

Bald wurden mir die seltsamen worte klar. Man gab Carmen, und die wache, die im ersten akt von don José angeführt wird, sollte aus lauter gedienten militärs bestehen. Auf das richtige »klappen« der griffe wurde großer wert gelegt. Wir konstatierten bald mit genugtuung, dass sich unter den vierzehn mann wache elf gewesene offiziere befanden, die teils der deutschen, teils der österreichischen armee angehört hatten. Wir wurden einexerziert, und der aufzug der wache klappte binnen kurzem ausgezeichnet.

Der abend kam. Jean de Reszke sang den José, sein bruder Eduard den Escamillo, die Calvé die Carmen und die Melba die Micaëla. Erlassen sie mir alle details. Das wichtigste ereignis war, dass uns Jean de Reszke am schlusse der vorstellung zehn dollars überreichen ließ.

Die vorstellung war zu ende. Fieberhaft rasch kleidete ich mich um, ließ mir mein honorar, fünfzig cents, auszahlen und fuhr mit der hochbahn in die redaktion. Knapp ein uhr nachts hatte ich mein manuskript fertig und las mit befriedigung ungefähr folgendes: »Sehr gefallen hat uns frau Melba, besonders ihre oberen orgelregister sind sehr schön, aber der kontrabass, der kontrabass! Und der generalpunkt scheint auf gespannten oktaven zu stehen. Alles in allem bildet die sonore mittellage mit dem dreifach gestrichenen C eine wirkungsvolle kadenz.«

Jawohl, es war eine leistung. Die vielen fachausdrücke mussten wohl oder übel imponieren.

Stolz begab ich mich nach hause, und schlief froh und glücklich ein. Am nächsten morgen — der zeitungsmann hatte wie immer den »New Yorker bannerträger« vor die tür gelegt — las ich meinem anfangs noch schlafenden zimmergenossen, dem baron N., meine meisterleistung mit lauter stimme vor.

Der baron erwachte zusehends. Dann sagte er: »Ich weiß nicht, was mir fehlt. Aber ich höre ganz merkwürdige sachen. Vielleicht bin ich nicht ganz ausgeschlafen. Lies mir die geschichte noch einmal vor.«

Ich las noch einmal. Das gesicht des barons nahm den ausdruck des entsetzens an. Dann brach er los: »Aber du dreimal gestrichener unglückswurm! Was hast du denn da angerichtet!« Kurz, er schimpfte und nannte mich einen kretin.

Und nun erklärte er mir satz für satz. Langsam dämmerte mir die erkenntnis, dass ich mich blamiert hatte. Ich war vernichtet. Ich traute mich nicht mehr auf die gasse. Jedermann musste mir meine schmach von der stirne ablesen. Und dann — ich erbleichte — die redaktion!

Der baron war schon lange in seine office gegangen. Ich brütete noch immer stumpf dahin. Es war elf uhr geworden. Der zeitungsmann brachte das abendblatt der »New Yorker staatszeitung«. Unser abendblatt erschien erst um halb zwölf uhr mittags. Die englischen abendblätter erscheinen gewöhnlich schon vor sonnenaufgang.

Mechanisch griff ich nach der zeitung. Da — was war das! Ich las wie im fieber:

»Scharfe abfuhr!

Der musiksudler von der ›morgenposaune‹ erfährt sie! Eine tat des ›New Yorker bannerträger‹!!!« Das war erst der kopf, wie man im amerikanischen zeitungsdeutsch sagt, und nun las ich:

»Wir haben häufig auf das schändliche treiben des burschen hingewiesen, der seine totale unkenntnis musikalischer dinge zum schaden des ganzen deutschtums auf der halbinsel Manhattan in der ›morgenposaune‹ absetzt. Dieser elende skribler ist ein schandfleck im blanken ehrenschilde des deutschen Amerika. Wir standen bisher im kreuzzuge gegen dieses individuum allein da. Mit genugtuung können wir heute konstatieren, dass der ›New Yorker bannerträger‹ (obwohl sein besitzer der mosaischen konfession angehört) das kreuz genommen hat. Unser bewährter kollege von dieser tapferen zeitung hat die unart und weise jenes subjekts in seinem heutigen opernreferate zu allgemeiner freude aller wahren kunstfreunde trefflich kopiert, an den pranger gestellt und dadurch dem allgemeinen gespötte preisgegeben. Wir glauben, dass die ›morgenposaune‹ sich von diesem schlage nicht mehr erholen wird. Wir können uns nicht versagen, dieses opernreferat, eine satirische großtat, für unsere leser abzudrucken.«

Und nun folgte mein referat.

Ich tanzte zuerst ein von mir auf der stelle komponiertes bacchanale, warf mich in meinen winterrock, stürzte zur hochbahn und trat dem redakteur meines blattes fast die tür ein. So stürmte ich mit der »staatszeitung« in der hand dahin. John Smith, der chefredakteur, sah mich erstaunt an. »Wie, sie wagen es noch, in unsere redaktion zu kommen?« herrschte er mich an. Ich übersah sofort die situation. Der mann hatte offenbar das abendblatt der »New Yorker staatszeitung« noch nicht gelesen. Ich lächelte daher überlegen und sagte: »Ich glaubte nicht, dass wir der ›morgenposaune‹ irgendwelche rücksichten schuldig wären!«

»Was geht uns dieses schundblatt an! Uns haben sie blamiert!«

»Wie? Sollten sie wirklich der einzige sein, der die tiefe satire nicht verstanden hat? Sie scheinen nicht zu wissen, dass gerade die satire mein fach ist. Na, da hat die ›staatszeitung‹ die sache doch schneller aufgefaßt.«

Er las. Man erspare mir, zu schildern, wie sehr der mann sich schämte.

Am nächsten morgen las man in der »morgenposaune«: »Unser musikreferent ist von seinem posten zurückgetreten.«

Am übernächsten morgen erhielt ich einen schweren brief. Ich öffnete ihn erwartungsvoll. Er enthielt die mitteilung, dass die New Yorker music critic-association mich zu ihrem ehrenmitgliede ernannt hatte.

Und so hatte ich mit dieser meiner ersten und letzten musikkritik eine erfahrung gemacht, die der philosoph, der literarhistoriker oder kunstgeschichtler niemals machen können. Denen glücken die fachausdrücke immer, sobald sie über malerei, architektur oder gewerbe schreiben. Niemand wird es dem kunstschriftsteller nachrechnen, ob das »sprengwerk« vielleicht ein »hängewerk« ist. Materialgerecht, tischlerisch, verzapfung, gehrung und ähnliche werkstattworte kann er ganz nach freiem ermessen über sein referat austeilen. Er kann ruhig behaupten, dass Ruskin bereits gestorben sei, wenn er auch glücklicherweise gerade in der nächsten woche, unter allgemeiner teilnahme der gebildeten welt, seinen achtzigsten geburtstag feiert. Und er kann furchtlos dem maler nachsagen, dass ihm die lichtwirkung besonders gelungen sei: zauberisch scheint der mond durch das geöffnete fenster ins gemach, obgleich das vermeintliche fenster ein spiegel und der mond reflektiertes kerzenlicht ist. Das sind dinge, die in einem amerikanischen blatte immer vorkommen können. Und in der musik sollte es wirklich nötig sein, noten zu kennen und zu wissen, was generalbass und kontrapunkt sind?

Eine ungerechtigkeit bleibt das auf alle fälle, obgleich die sache bei mir gut abgelaufen ist.

VON EINEM ARMEN REICHEN MANNE

(26. april 1900)

Von einem armen reichen manne will ich euch erzählen. Er hatte geld und gut, ein treues weib, das ihm die sorgen, die das geschäft mit sich brachte, von der stirne küsste, einen kreis von kindern, um die ihn jeder seiner arbeiter beneiden konnte. Seine freunde liebten ihn, denn, was er angriff, gedieh. Aber heute ist es ganz, ganz anders geworden. Und das kam so:

Eines tages sagte sich dieser mann: »Du hast geld und gut, ein treues weib und kinder, um die dich jeder deiner arbeiter beneiden kann. Aber bist du denn glücklich? Sieh, es gibt menschen, denen alles das fehlt, worum man dich beneidet. Aber ihre sorgen werden hinweggescheucht durch eine große zauberin, die kunst. Und was ist dir die kunst? Du kennst sie nicht einmal dem namen nach. Jeder protz kann seine visitkarte bei dir abgeben, und dein diener reißt die flügeltüren auf. Aber die kunst hast du noch nicht bei dir empfangen. — Ich weiß wohl, dass sie nicht kommt. Aber ich werde sie aufsuchen. Wie eine königin soll sie bei mir einziehen und bei mir wohnen.«

Es war ein kraftvoller mann, was er anpackte, wurde mit energie ausgeführt. Das war man bei seinen geschäften so von ihm gewohnt. Und so ging er noch am selben tage zu einem berühmten architekten und sagte ihm: »Bringen sie

mir kunst, die kunst in meine vier pfähle. Kosten nebensache.«
Der architekt ließ sich das nicht zweimal sagen. Er ging in die wohnung des reichen mannes, warf alle seine möbel hinaus, ließ ein heer von parkettierern, spalierern, lackierern, maurern, anstreichern, tischlern, installateuren, töpfern, teppichspannern, malern und bildhauern einziehen und hui, hast du nicht gesehen, war die kunst eingefangen, eingeschachtelt, wohlverwahrt in den vier pfählen des reichen mannes.

Der reiche mann war überglücklich. Überglücklich ging er durch die neuen räume. Wo er hinsah, war kunst, kunst in allem und jedem. Er ergriff kunst, wenn er eine klinke anfasste, er setzte sich auf kunst, wenn er sich in einem sessel niederließ, er vergrub sein haupt in kunst, wenn er es ermüdet in die kissen senkte, sein fuß versank in kunst, wenn er über die teppiche schritt. Mit einer ungeheuren inbrunst schwelgte er in kunst. Seitdem auch sein teller mit dekor versehen worden war, schnitt er sein bœuf à l'oignon noch einmal so kräftig entzwei.

Man pries ihn, man beneidete ihn. Die kunstzeitschriften verherrlichten ihn als einen der ersten unter den mäzenen, seine zimmer wurden als vorbildlich abgebildet, erläutert und erklärt.

Aber sie verdienten es auch. Jeder raum bildete eine abgeschlossene farbensymphonie. Wand, möbel und stoffe waren in der raffiniertesten weise zusammengestimmt. Jedes gerät hatte seinen bestimmten platz und war mit den anderen in den wunderbarsten kombinationen verbunden.

Nichts, garnichts hatte der architekt vergessen. Zigarrenabstreifer, bestecke, lichtauslöscher, alles, alles war von ihm hergestellt worden. Aber es waren nicht die landläufigen architektenkünste, nein, in jedem ornamente, in jeder form, in jedem nagel war die individualität des besitzers ausgedrückt. (Eine psychologische arbeit, deren schwierigkeit jedermann einleuchten wird.)

Der architekt aber wehrte alle ehren bescheiden ab. »Nein«, sagte er, »diese räume sind gar nicht von mir. Da drüben in der ecke steht nämlich eine statue von Charpentier. Und wie ich es jedem verübeln würde, wenn er ein zimmer als seinen entwurf ausgeben wollte und nur eine einzige meiner türschnallen verwendet hätte, kann ich mir nun nicht herausnehmen, diese zimmer als mein geistiges eigentum auszugeben.« Das war edel und konsequent gesprochen. Mancher tischler, der eines seiner zimmer mit einer Walter Craneschen tapete versehen hatte und doch die darin befindlichen möbel sich zuschreiben wollte, weil er sie erfunden und ausgeführt hatte, schämte sich in den tiefsten grund seiner schwarzen seele hinein, als er von diesen worten erfuhr. Kehren wir nach dieser abschweifung zu unserem reichen manne zurück. Ich habe ja schon gesagt, wie glücklich er war. Einen großen teil seiner zeit widmete er von nun an dem studium seiner wohnung. Denn das musste gelernt sein; das sah er wohl bald. Da gab es viel zu merken. Jedes gerät hatte einen bestimmten platz. Der architekt hatte es gut mit ihm gemeint. An alles hatte er gedacht. Für das kleinste schächtelchen gab es einen platz, der gerade dafür gemacht war.

Bequem war die wohnung, aber den kopf strengte sie sehr an. Der architekt überwachte daher in den ersten wochen das wohnen, damit sich kein fehler einschleiche. Der reiche mann gab sich alle mühe. Aber es geschah doch, dass er ein buch aus der hand legte und es in gedanken in ein fach schob, das für zeitungen angefertigt war. Oder dass er die asche seiner zigarre in jener vertiefung des tisches abstrich, die bestimmt war, den leuchter aufzunehmen. Hatte man einmal einen gegenstand in die hand genommen, so war des ratens und des suchens nach dem richtigen platz kein ende, und manchmal musste der architekt die detailzeichnungen aufrollen, um den platz für eine zündholzschachtel wieder zu entdecken.

Wo die angewandte kunst solche triumphe feierte, durfte die angewandte musik nicht zurückbleiben. Diese idee beschäftigte den reichen mann sehr. Er machte eine eingabe an die straßenbahngesellschaft, in der er ersuchte, sich statt des sinnlosen läutens des Parsifalglockenmotives zu bedienen. Allein er fand bei der gesellschaft kein entgegenkommen. Dort war man für moderne ideen noch nicht genug empfänglich. Dafür wurde ihm gestattet, die Pflasterung vor seinem hause auf eigene kosten ausführen zu lassen, wodurch jedes fuhrwerk gezwungen wurde, im rhythmus des Radetzkymarsches vorbei zu rollen. Auch die elektrischen läutewerke in seinen räumen erhielten Wagner- und Beethoven-motive, und alle berufenen kunstkritikter waren voll des lobes über den mann, der der »kunst im gebrauchsgegenstande« ein neues gebiet eröffnet hatte. Man kann sich vorstellen, dass alle diese verbesserungen den mann noch glücklicher machten.

Es darf aber nicht verschwiegen werden, dass er es vorzog, möglichst wenig zuhause zu sein. Nun ja, von so viel kunst will man sich auch hie und da ausruhen. Oder könnten sie in einer bildergalerie wohnen? Oder monatelang in »Tristan und Isolde« sitzen? Nun also! Wer wollte es ihm verdenken, wenn er neue kräfte im cafe, im restaurant oder bei freunden und bekannten sammelte. Er hatte sich das anders gedacht. Aber der kunst müssen opfer gebracht werden. Er hatte doch schon so viele gebracht. Sein auge wurde feucht. Er gedachte vieler alter dinge, die er lieb gehabt hatte und die er manchmal vermisste. Der große lehnstuhl! Sein vater hatte immer das nachmittagsschläfchen darin gemacht. Die alte uhr! Und die bilder! Aber: die kunst verlangt es! Nur nicht weich werden!

Einmal geschah es, dass er seinen geburtstag feierte. Frau und kinder hatten ihn reich beschenkt. Die sachen gefielen ihm ausnehmend und bereiteten ihm herzliche freude. Bald darauf kam der architekt, um nach dem rechten zu sehen und entscheidungen in schwierigen fragen zu treffen. Er trat in das zimmer. Der hausherr kam ihm freudig entgegen, denn er hatte vieles auf dem herzen. Aber der architekt sah die freude des hausherrn nicht. Er hatte etwas ganz anderes entdeckt und erbleichte. »Was haben sie denn da für hausschuhe an?«, stieß er mühsam hervor.

Der hausherr besah seine bestickten schuhe. Aber er atmete erleichtert auf. Diesmal fühlte er sich ganz unschuldig. Die schuhe waren nämlich nach einem originalentwurfe des architekten gearbeitet worden. Er antwortete daher überlegen:

»Aber herr architekt! Haben sie das schon vergessen? Die schuhe haben sie ja selbst gezeichnet!« »Gewiss«, donnerte der architekt, »aber für das schlafzimmer. Hier zerreißen sie mit diesen zwei unmöglichen farbflecken die ganze stimmung. Sehen sie denn das nicht ein?«

Der hausherr sah es wohl ein. Er zog rasch die schuhe aus und war zu tod froh, dass der architekt nicht noch seine strümpfe unmöglich fand. Sie gingen ins schlafzimmer, wo der reiche mann wieder seine schuhe anziehen durfte.

»Ich habe«, begann er hier zaghaft, »gestern meinen geburtstag gefeiert. Meine lieben haben mich mit geschenken förmlich überschüttet. Ich habe sie rufen lassen, lieber herr architekt, damit sie uns ratschläge geben, wie wir die sachen am besten aufstellen könnten.«

Das gesicht des architekten verlängerte sich zusehends. Dann brach er los:

»Wie kommen sie dazu, sich etwas schenken zu lassen?! Habe ich ihnen nicht alles gezeichnet? Habe ich nicht auf alles rücksicht genommen? Sie brauchen nichts mehr. Sie sind komplett!«

»Aber«, erlaubte sich der hausherr zu erwidern, »ich werde mir doch noch etwas kaufen dürfen!« »Nein, das dürfen sie nicht! Nie und niemals! Das fehlte mir noch. Sachen, die nicht von mir gezeichnet sind? Habe ich nicht genug daran getan, dass ich ihnen den Charpentier gestattete? Die statue, die mir den ganzen ruhm meiner arbeit raubt! Nein, sie dürfen nichts mehr kaufen!«

»Wenn mir aber mein enkerl eine kindergartenarbeit schenkt?«

»Dann dürfen sie sie nicht nehmen!«

Der hausherr war vernichtet. Aber noch gab er sich nicht verloren. Eine idee, jawohl, eine idee! »Und wenn ich mir in der Secession ein bild kaufen wollte?« fragte er triumphierend.

»Dann versuchen sie doch, es irgendwo aufzuhängen. Sehen sie denn nicht, dass für nichts mehr platz ist? Sehen sie denn nicht, dass ich für jedes bild, das ich ihnen hergehängt habe, auch einen rahmen auf der wand, auf der mauer dazu komponiert habe? Nicht einmal rücken können sie mit einem bilde. Probieren sie doch, ein neues bild unterzubringen.«

Da vollzog sich in dem reichen manne eine wandlung. Der glückliche fühlte sich plötzlich tief, tief unglücklich. Er sah sein zukünftiges leben. Niemand durfte ihm freude bereiten. Wunschlos musste er an den verkaufsläden der stadt vorübergehen. Für ihn wurde nichts mehr erzeugt. Keiner seiner lieben durfte ihm sein bild schenken. Für ihn gab es keine maler mehr, keine künstler, keine handwerker. Er war ausgeschaltet aus dem künftigen leben und streben, werden und wünschen. Er fühlte: Jetzt heißt es lernen, mit seinem eigenen leichnam herumzugehen. Jawohl! Er ist fertig! Er ist komplett!

ANMERKUNGEN VON 1931

Zu seite 95:
Das auto gab es damals noch nicht. Aber es wird hier vorausgeahnt. Die ersten abschnitte dieses aufsatzes sind ein beweis dafür, dass ein ding erst in den nerven liegen muss und dann erfunden wird.

Zu seite 95:
Die erste kampfansage gegen das ornament.

Zu seite 103:
Hier wird die erste anregung zu stahlmöbeln gegeben, wie sie heute modern geworden sind.

Zu seite 154:
Der wunsch nach einem geschäft, das keine fertigen krawatten führt, ist längst hundertfach erfüllt!

Josef Hoffmann sagt im »querschnitt«, dezember 1930, von den krawatten mit pappendeckeleinlage, die auch er damals trug und die ich glossiert habe, sie seien selbstgebunden gewesen. Das ist eine lüge. Ich wünschte, wegen dieses vorwurfes geklagt zu werden. Hoffmann meint auch, ich verleumde das andenken Olbrichs dadurch, dass ich ihm vorwerfe, er habe zu diesen pappendeckelkrawatten stilvolle anzüge getragen. Das ist freilich ein vorwurf, den ich Hoffmann beim besten willen nicht machen kann.

Zu seite 171:
Jetzt, 1931, ist man schon viel weiter! Überall werden bücher gedruckt, die den breiten weißen rand innen im bund haben, was ganz sinnlos ist. Die buchstaben aber sitzen außen ganz am rande an, ja selbst die bilder stehen dort. Man kann sie nicht sehen, weil man den daumen darauflegen muss. Von den konstruktivisten bis zur Wiener Werkstätte eine front, siehe etwa das jubiläumsbuch der Wiener Werkstätte von 1928!

Über dieses jubiläumsbuch, ein machwerk, das sich selbst das urteil spricht, wäre viel zu sagen. Hier nur soviel:

1. Die ornamentik ist der von mir sehr verehrten Sonja Delauney entwendet, für bedruckte seide erfunden und dort (meiner these entsprechend, dass ein ding ästhetisch so lange halten soll, wie es physisch hält) sehr am platze.

2. An stelle des von mir bei allen meinen vorträgen zur allgemeinen erheiterung vorgezeigten und glossierten bestecks von Josef Hoffmann ist ein richtigeres und normaleres abgebildet, und dabei steht, so sehe das viel geschmähte besteck der Wiener Werkstätte aus!

3. Die zitate von Peter Altenberg könnten den eindruck erwecken, daß P. A. ein verehrer der Wiener Werkstätte gewesen ist, und sollen das vielleicht auch. Aus seinen werken kann man aber herauslesen, daß er der größte und ehrlichste feind der Wiener Werkstätte war.

ORNAMENT UND VERBRECHEN

(1908)

Der menschliche embryo macht im mutterleibe alle entwicklungsphasen des tierreiches durch. Wenn der mensch geboren wird, sind seine sinneseindrücke gleich denen eines neugeborenen hundes. Seine kindheit durchläuft alle wandlungen, die der geschichte der menschheit entsprechen. Mit zwei jahren sieht er wie ein papua, mit vier jahren wie ein germane, mit sechs jahren wie Sokrates, mit acht jahren wie Voltaire. Wenn er acht jahre alt ist, kommt ihm das violett zum bewusstsein, die farbe, die das achtzehnte jahrhundert entdeckt hat, denn vorher waren das veilchen blau und die purpurschnecke rot. Der physiker zeigt heute auf farben im sonnenspektrum, die bereits einen namen haben, deren erkenntnis aber dem kommenden menschen vorbehalten ist.

Das kind ist amoralisch. Der papua ist es für uns auch. Der papua schlachtet seine feinde ab und verzehrt sie. Er ist kein verbrecher. Wenn aber der moderne mensch jemanden abschlachtet und verzehrt, so ist er ein verbrecher oder ein degenerierter. Der papua tätowiert seine haut, sein boot, seine ruder, kurz alles, was ihm erreichbar ist. Er ist kein verbrecher. Der moderne mensch, der sich tätowiert, ist ein verbrecher oder ein degenerierter. Es gibt gefängnisse, in denen achtzig prozent der häftlinge tätowierungen aufweisen. Die tätowierten, die nicht in haft sind, sind latente verbrecher oder degenerierte aristokraten. Wenn ein tätowierter in freiheit stirbt, so ist er eben einige jahre, bevor er einen mord verübt hat, gestorben.

Der drang, sein gesicht und alles, was einem erreichbar ist, zu ornamentieren, ist der uranfang der bildenden kunst. Es ist das lallen der malerei. Alle kunst ist erotisch.

Das erste ornament, das geboren wurde, das kreuz, war erotischen ursprungs. Das erste kunstwerk, die erste künstlerische tat, die der erste künstler, um seine überschüssigkeiten los zu werden, an die wand schmierte. Ein horizontaler strich: das liegende weib. Ein vertikaler strich: der sie durchdringende mann. Der mann, der es schuf, empfand denselben drang wie Beethoven, er war in demselben himmel, in dem Beethoven die neunte schuf.

Aber der mensch unserer zeit, der aus innerem drange die wände mit erotischen symbolen beschmiert, ist ein verbrecher oder ein degenerierter. Es ist selbstverständlich, dass dieser drang menschen mit solchen degenerationserscheinungen in den anstandsorten am heftigsten überfällt. Man kann die kultur eines landes an dem grade messen, in dem die abortwände beschmiert sind. Beim kinde ist es eine natürliche erscheinung: seine erste kunstäußerung ist das bekritzeln der wände mit erotischen symbolen. Was aber beim papua und beim kinde natürlich ist, ist beim modemen menschen eine degenerationserscheinung. Ich habe folgende erkenntnis gefunden und der welt geschenkt: *evolution der kultur ist gleichbedeutend mit dem entfernen des ornamentes aus dem gebrauchsgegenstande.* Ich glaubte damit neue freude in die welt zu bringen, sie hat es mir nicht gedankt.

Man war traurig und ließ die köpfe hängen. Was einen drückte, war die erkenntnis, dass man kein neues ornament hervorbringen könne. Wie, was jeder neger kann, was alle völker und zeiten vor uns gekonnt haben, das sollten allein wir, die menschen des neunzehnten jahrhunderts, nicht vermögen? Was die menschheit in früheren jahrtausenden ohne ornament geschaffen hatte, wurde achtlos verworfen und der vernichtung preisgegeben. Wir besitzen keine hobelbänke aus der karolingerzeit, aber jeder schmarren, der auch nur das kleinste ornament aufwies, wurde gesammelt, gereinigt, und prunkpaläste wurden zu seiner beherbergung gebaut. Traurig gingen die menschen dann zwischen den vitrinen umher und schämten sich ihrer impotenz. Jede zeit hatte ihren stil und nur unserer zeit soll ein stil versagt bleiben? Mit stil meinte man das ornament. Da sagte ich: Weinet nicht! Seht, das macht ja die größe unserer zeit aus, dass sie nicht imstande ist, ein neues ornament hervorzubringen. Wir haben das ornament überwunden, wir haben uns zur omamentlosigkeit durchgerungen. Seht, die zeit ist nahe, die erfüllung wartet unser. Bald werden die straßen der städte wie weiße mauern glänzen. Wie Zion, die heilige stadt, die hauptstadt des himmels. Dann ist die erfüllung da.

Aber es gibt schwarzalben, die das nicht dulden wollten. Die menschheit sollte weiter in der sklaverei des ornamentes keuchen. Die menschen waren weit genug, dass das ornament ihnen keine lustgefühle mehr erzeugte, weit genug, dass ein tätowiertes antlitz nicht wie bei den papuas das ästhetische empfinden erhöhte, sondern es verminderte. Weit genug, um freude an einer glatten zigarettendose zu empfinden, während eine ornamentierte, selbst bei gleichem preise, von ihnen nicht gekauft wurde. Sie waren glücklich in ihren kleidern und waren froh, dass sie nicht in roten samthosen mit goldlitzen wie die jahrmarktsaffen herumziehen mussten. Und ich sagte: Seht, Goethes sterbezimmer ist herrlicher als aller renaissance-prunk und ein glattes möbel schöner als alle eingelegten und geschnitzten museumstücke. Die sprache Goethes ist schöner als alle ornamente der Pegnitzschäfer.

Das hörten die schwarzalben mit missvergnügen, und der staat, dessen aufgabe es ist, die völker in ihrer kulturellen entwicklung aufzuhalten, machte die frage nach der entwicklung und wiederaufnahme des ornamentes zu der seinen. Wehe dem staate, dessen revolutionen die hofräte besorgen! Bald sah man im wiener kunstgewerbemuseum ein büffett, das »der reiche fischzug« hieß, bald gab es schränke, die den namen »die verwunschene prinzessin« oder einen ähnlichen trugen, der sich auf das ornament bezog, mit welchem diese unglücksmöbel bedeckt waren. Der österreichische staat nimmt seine aufgabe so genau, dass er dafür sorgt, dass die fußlappen aus den grenzen der österreichisch-ungarischen monarchie nicht verschwinden. Er zwingt jeden kultivierten zwanzigjährigen mann, drei jahre lang anstelle der gewirkten fußbekleidung fußlappen zu tragen. Denn schließlich geht eben jeder staat von der voraussetzung aus, dass ein niedrig stehendes volk leichter zu regieren ist.

Nun gut, die ornament-seuche ist staatlich anerkannt und wird mit staatsgeldern subventioniert. Ich aber erblicke darin einen rückschritt. Ich lasse den einwand nicht gelten, dass das ornament die lebensfreude eines kultivierten menschen erhöht, lasse den einwand nicht gelten, der sich in die worte kleidet: »wenn aber das ornament schön ist . . . !« Mir, und mit mir allen kultivierten menschen, erhöht das ornament die lebensfreude nicht. Wenn ich ein stück pfefferkuchen essen will, so wähle ich mir eines, das ganz glatt ist und nicht ein stück, das ein herz oder ein wickelkind oder einen reiter darstellt, der über und über mit ornamenten bedeckt ist. Der mann aus dem fünfzehnten jahrhundert wird mich nicht verstehen. Aber alle modernen menschen werden es. Der vertreter des ornamentes glaubt, dass mein drang nach einfachheit einer kasteiung gleichkommt. Nein, verehrter herr professor aus der kunstgewerbeschule, ich kasteie mich nicht! Mir schmeckt es so besser. Die schaugerichte vergangener jahrhunderte, die alle ornamente aufweisen, um die pfauen, fasane und hummern schmackhafter erscheinen zu lassen, erzeugen bei mir den gegenteiligen effekt. Mit grauen gehe ich durch eine kochkunstausstellung, wenn ich daran denke, ich sollte diese ausgestopften tierleichen essen. Ich esse roastbeef.

Der ungeheure schaden und die verwüstungen, die die neuerweckung des ornamentes in der ästhetischen entwicklung anrichtet, könnten leicht verschmerzt werden, denn niemand, auch keine staatsgewalt, kann die evolution der menschheit aufhalten. Man kann sie nur verzögern. Wir können warten. Aber es ist ein verbrechen an der volkswirtschaft, dass dadurch menschliche arbeit, geld und material zugrunde gerichtet werden. Diesen schaden kann die zeit nicht ausgleichen.

Das tempo der kulturellen entwicklung leidet unter den nachzüglern. Ich lebe vielleicht im jahre 1908, mein nachbar aber lebt um 1900 und der dort im jahre 1880. Es ist ein unglück für einen staat, wenn sich die kultur seiner einwohner auf einen so großen zeitraum verteilt. Der kalser bauer lebt im zwölften jahrhundert. Und im jubiläumsfestzuge gingen völkerschaften mit, die selbst während der völkerwanderung als rückständig empfunden worden wären. Glücklich das land, das solche nachzügler und marodeure nicht hat. Glückliches Amerika! Bei uns gibt es selbst in den städten unmoderne menschen, nachzügler aus dem achtzehnten jahrhundert, die sich über ein bild mit violetten schatten entsetzen, weil sie das violett noch nicht sehen können. Ihnen schmeckt der fasan besser, an dem der koch tagelang arbeitet, und die zigarettendose mit renaissanceornamenten gefällt ihnen besser als die glatte. Und wie stehts auf dem lande? Kleider und hausrat gehören durchwegs früheren jahrhunderten an. Der bauer ist kein christ, er ist noch ein heide.

Die nachzügler verlangsamen die kulturelle entwicklung der völker und der menschheit, denn das ornament wird nicht nur von verbrechern erzeugt, es begeht ein verbrechen, dadurch, dass es den menschen schwer an der gesundheit, am national vermögen und also in seiner kulturellen entwicklung schädigt. Wenn zwei menschen nebeneinander wohnen, die bei gleichen bedürfnissen, bei denselben ansprüchen an das leben und demselben einkommen verschiedenen kulturen angehören, kann man, volkswirtschaftlich betrachtet, folgenden vorgang wahrnehmen: der mann des zwanzigsten jahrhunderts wird immer reicher, der mann des achtzehnten jahrhunderts immer ärmer. Ich nehme an, dass beide ihren neigungen leben. Der mann des zwanzigsten jahrhunderts kann seine bedürfnisse mit einem viel geringeren kapital decken und daher ersparnisse machen. Das gemüse, das ihm mundet, ist einfach in wasser gekocht und mit etwas butter übergossen. Dem anderen mann schmeckt es erst dann gleich gut, wenn honig und nüsse dabei sind und wenn ein mensch stundenlang daran gekocht hat. Ornamentierte teller sind sehr teuer, während das weiße geschirr, aus dem es dem modernen menschen schmeckt, billig ist. Der eine macht ersparnisse, der andere schulden. So ist es mit ganzen nationen. Wehe, wenn ein volk in der kulturellen entwicklung zurückbleibt! Die engländer werden reicher und wir ärmer.

Noch viel größer ist der schaden, den das produzierende volk durch das ornament erleidet. Da das ornament nicht mehr ein natürliches produkt unserer kultur ist, also entweder eine rückständigkeit oder eine degenerationserscheinung darstellt, wird die arbeit des ornamentikers nicht mehr nach gebühr bezahlt.

Die verhältnisse in den gewerben der holzbildhauer und drechsler, die verbrecherisch niedrigen preise, die den stickerinnen und spitzenklöpplerinnen bezahlt werden, sind bekannt. Der ornamentiker muss zwanzig stunden arbeiten, um das einkommen eines modernen arbeiters zu erreichen, der acht stunden arbeitet. Das ornament verteuert in der regel den gegenstand, trotzdem kommt es vor, dass ein ornamentierter gegenstand bei gleichem materialpreis und nachweislich dreimal längerer arbeitszeit um den halben preis angeboten wird, den ein glatter gegenstand kostet. Das fehlen des ornamentes hat eine verkürzung der arbeitszeit und eine erhöhung des lohnes zur folge. Der chinesische schnitzer arbeitet sechzehn stunden, der amerikanische arbeiter acht. Wenn ich für eine glatte dose so viel zahle wie für eine ornamentierte, gehört die differenz an arbeitszeit dem arbeiter. Und gäbe es überhaupt kein ornament –, ein zustand, der vielleicht in jahrtausenden eintreten wird –, brauchte der mensch statt acht stunden nur vier zu arbeiten, denn die hälfte der arbeit entfällt heute noch auf ornamente.

Ornament ist vergeudete arbeitskraft und dadurch vergeudete gesundheit. So war es immer. Heute bedeutet es aber auch vergeudetes material, und bei des bedeutet vergeudetes kapital.

Da das ornament nicht mehr organisch mit unserer kultur zusammenhängt, ist es auch nicht mehr der ausdruck unserer kultur. Das ornament, das heute geschaffen wird, hat keinen zusammenhang mit uns, hat überhaupt keine menschlichen zusammenhänge, keinen zusammenhang mit der weltordnung. Es ist nicht entwicklungsfähig. Was geschah mit der ornamentik Otto Eckmanns, was mit der Van de Veldes? Stets stand der künstler voll kraft und gesundheit an der spitze der menschheit. Der moderne ornamentiker aber ist ein nachzügler oder eine pathologische erscheinung. Seine produkte werden schon nach drei jahren von ihm selbst verleugnet. Kultivierten menschen

sind sie sofort unerträglich, den anderen wird diese unerträglichkeit erst nach jahren bewusst. Wo sind heute die arbeiten Otto Eckmanns? Wo werden die arbeiten Olbrichs nach zehn jahren sein? Das moderne ornament hat keine eltern und keine nachkommen, hat keine vergangenheit und keine zukunft. Es wird von unkultivierten menschen, denen die größe unserer zeit ein buch mit sieben siegeln ist, mit freuden begrüßt und nach kurzer zeit verleugnet.
Die menschheit ist heute gesünder denn je, krank sind nur einige wenige. Diese wenigen aber tyrannisieren den arbeiter, der so gesund ist, dass er kein ornament erfinden kann. Sie zwingen ihn, die von ihnen erfundenen ornamente in den verschiedensten materialien auszuführen.

Der wechsel der ornamente hat eine frühzeitige entwertung des arbeitsproduktes zur folge. Die zeit des arbeiters, das verwertete material sind kapitalien, die verschwendet werden. Ich habe den satz aufgestellt: Die form eines gegenstandes halte so lange, das heißt, sie sei so lange erträglich, so lange der gegenstand physisch hält. Ich will das zu erklären suchen: ein anzug wird seine form häufiger wechseln als ein wertvoller pelz. Die balltoilette der frau, nur für eine nacht bestimmt, wird ihre form rascher wechseln als ein schreibtisch. Wehe aber, wenn man den schreibtisch so rasch wechseln muss, wie eine balltoilette, weil einem die alte form unerträglich geworden ist, dann hat man das für den schreibtisch verwendete geld verloren.

Das ist dem ornamentiker wohlbekannt, und die österreichischen ornamentiker suchen diesem mangel die besten seiten abzugewinnen. Sie sagen: »Ein konsument, der eine einrichtung hat, die ihm schon nach zehn jahren unerträglich wird, und der daher gezwungen ist, sich alle zehn jahre einrichten zu lassen, ist uns lieber als einer, der sich einen gegenstand erst dann kauft, wenn der alte aufgebraucht ist. Die industrie verlangt das. Millionen werden durch den raschen wechsel beschäftigt.« Es scheint dies das geheimnis der österreichischen nationalökonomie zu sein; wie oft hört man beim ausbruch eines brandes die worte: »Gott sei dank, jetzt haben die leute wieder etwas zu tun.« Da weiß ich ein gutes mittel: Man zünde eine stadt an, man zünde das reich an, und alles schwimmt in geld und wohlstand. Man verfertige möbel, mit denen man nach drei jahren einheizen kann, beschläge, die man nach vier jahren einschmelzen muss, weil man selbst im versteigerungsamt nicht den zehnten teil des arbeits- und materialpreises erzielen kann, und wir werden reicher und reicher.

Der verlust trifft nicht nur den konsumenten, er trifft vor allem den produzenten. Heute bedeutet das ornament an dingen, die sich dank der entwicklung dem ornamentiertwerden entzogen haben, vergeudete arbeitskraft und geschändetes material. Wenn alle gegenstände ästhetisch so lange halten würden, wie sie es physisch tun, könnte der konsument einen preis dafür entrichten, der es dem arbeiter ermöglichen würde, mehr geld zu verdienen und weniger lang arbeiten zu müssen. Für einen gegenstand, bei dem ich sicher bin, dass ich ihn voll ausnützen und aufbrauchen kann, zahle ich gerne viermal so viel wie für einen in form oder material minderwertigen. Ich zahle für meine stiefel gerne vierzig kronen, obwohl ich in einem anderen geschäft stiefel um zehn kronen bekommen würde. Aber in jenen gewerben, die unter der tyrannei der omamentiker schmachten, wird gute oder schlechte arbeit nicht gewertet. Die arbeit leidet, weil niemand gewillt ist, ihren wahren wert zu bezahlen.

Und das ist gut so, denn diese ornamentierten dinge wirken nur in der schäbigsten ausführung erträglich. Ich komme über eine feuersbrunst leichter hinweg, wenn ich höre, dass nur wertloser tand verbrannt ist. Ich kann mich über den gschnas im künstlerhaus freuen, weiß ich doch, dass er in wenigen tagen aufgestellt, in einem tage abgerissen wird. Aber das werfen mit goldstücken statt mit kieselsteinen, das anzünden einer zigarette mit einer banknote, das pulverisieren und trinken einer perle wirkt unästhetisch.

Wahrhaft unästhetisch wirken die ornamentierten dinge erst, wenn sie im besten material, mit der höchsten sorgfalt ausgeführt wurden und lange arbeitszeit beansprucht haben. Ich kann mich nicht davon frei sprechen, qualitätsarbeit zuerst gefordert zu haben, aber freilich nicht für dergleichen.

Der moderne mensch, der das ornament als zeichen der künstlerischen überschüssigkeit vergangener epochen heilig hält, wird das gequälte, mühselig abgerungene und krankhafte der modernen ornamente sofort erkennen. Kein ornament kann heute mehr geschaffen werden von einem, der auf unserer kulturstufe lebt.

Anders ist es mit den menschen und völkern, die diese stufe noch nicht erreicht haben.

Ich predige den aristokraten, ich meine den menschen, der an der spitze der menschheit steht und doch das tiefste verständnis für das drängen und die not der untenstehenden hat. Den kaffer, der ornamente nach einem bestimmten rhythmus in die gewebe einwirkt, die nur zum vorschein kommen, wenn man sie auftrennt, den perser, der seinen teppich knüpft, die slowakische bäuerin, die ihre spitze stickt, die alte dame, die wunderbare dinge in glasperlen und seide häkelt, die versteht er sehr wohl. Der aristokrat lässt sie gewähren, er weiß, dass es ihre heiligen stunden sind, in denen sie arbeiten. Der revolutionär würde hingehen und sagen: »es ist alles unsinn«. Wie er auch das alte weiblein vom bildstock reißen würde und sagen würde: »es gibt keinen gott«. Der atheist unter den aristokraten aber lüftet seinen hut, wenn er bei einer kirche vorbeigeht.

Meine schuhe sind über und über mit ornamenten bedeckt, die von zacken und löchern herrühren. Arbeit, die der schuster geleistet hat, die ihm nicht bezahlt wurde. Ich gehe zum schuster und sage: »Sie verlangen für ein paar schuhe dreißig kronen. Ich werde ihnen vierzig kronen zahlen.« Damit habe ich diesen mann auf eine selige höhe gehoben, die er mir danken wird durch arbeit und material, die an güte in gar keinem verhältnis zum mehrbetrag stehen. Er ist glücklich. Selten kommt das glück in sein haus. Hier steht ein mann vor ihm, der ihn versteht, der seine arbeit würdigt und nicht an seiner ehrlichkeit zweifelt. In gedanken sieht er schon die fertigen schuhe vor sich. Er weiß, wo gegenwärtig das beste leder zu finden ist, er weiß, welchem arbeiter er die schuhe anvertrauen wird, und die schuhe werden zacken und punkte aufweisen, so viele, als nur auf einem eleganten schuh platz haben. Und nun sage ich: »Aber eine bedingung stelle ich. Der schuh muss ganz glatt sein.« Da habe ich ihn aus den seligsten höhen in den Tartarus gestürzt. Er hat weniger arbeit, aber ich habe ihm alle freude genommen.

Ich predige den aristokraten. Ich ertrage ornamente am eigenen körper, wenn sie die freude meiner mitmenschen ausmachen. Sie sind dann auch meine freude. Ich ertrage die ornamente des kaffern, des persers, der slowakischen bäuerin, die ornamente meines schusters, denn sie alle haben kein anderes mittel, um zu den höhepunkten ihres daseins zu kommen. Wir haben die kunst, die das ornament abgelöst hat. Wir gehen nach des tages last und mühen zu Beethoven oder in den Tristan. Das kann mein schuster nicht. Ich darf ihm seine freude nicht nehmen, da ich nichts anderes an ihre stelle zu setzen habe. Wer aber zur neunten symphonie geht und sich dann hinsetzt, um ein tapetenmuster zu zeichnen, ist entweder ein hochstapler oder ein degenerierter.

Das fehlen des ornamentes hat die übrigen künste zu ungeahnter höhe gebracht. Die symphonien Beethovens wären nie von einem manne geschrieben worden, der in seide, samt und spitzen dahergehen musste. Wer heute im samtrock herumläuft, ist kein künstler, sondern ein hanswurst oder ein anstreicher. Wir sind feiner, subtiler geworden. Die herdenmenschen mussten sich durch verschiedene farben unterscheiden, der moderne mensch braucht sein kleid als maske. So ungeheuer stark ist seine individualität, dass sie sich nicht mehr in kleidungsstücken ausdrücken lässt. Ornamentlosigkeit ist ein zeichen geistiger kraft. Der moderne mensch verwendet die ornamente früherer und fremder kulturen nach seinem gutdünken. Seine eigene erfindung konzentriert er auf andere dinge.

ARCHITEKTUR

(1910)

Darf ich sie an die gestade eines bergsees führen? Der himmel ist blau, das wasser grün, und alles liegt in tiefem frieden. Die berge und wolken spiegeln sich im see und die häuser, höfe und kapellen tun es auch. Nicht wie von menschenhand gebaut stehen sie da. Wie aus gottes werkstatt hervorgegangen sind sie, gleich den bergen und bäumen, den wolken und dem blauen himmel. Und alles atmet schönheit und ruhe ...

Da, was ist das? Ein misston in diesem frieden. Wie ein gekreisch, das nicht notwendig ist. Mitten unter den häusern der bauern, die nicht von ihnen, sondern von gott gemacht wurden, steht eine villa. Das gebilde eines guten oder eines schlechten architekten? Ich weiß es nicht. Ich weiß nur, dass friede, ruhe und schönheit dahin sind.

Denn vor gott gibt es keine guten oder schlechten architekten. In der nähe seines thrones sind alle architekten gleich. In den städten, in dem reiche Belials, da gibt es feine nuancen, wie das eben in der art des lasters liegt. Und ich frage daher: Wie kommt es, dass ein jeder architekt, ob schlecht oder gut, den see schändet?

Der bauer tut das nicht. Auch nicht der ingenieur, der eine eisenbahn ans ufer baut oder mit seinem schiffe tiefe furchen in den klaren seespiegel zieht. Die schaffen anders. Der bauer hat auf dem grünen rasen den fleck, auf dem das neue haus sich erheben soll, ausgesteckt und die erde für die grundmauern ausgegraben. Nun erscheint der maurer. Ist lehmboden in der nähe, dann gibt es eine ziegelei, die ziegel herbeiführt. Wenn nicht, tuts der stein auch, der die ufer bildet. Und während der maurer ziegel auf ziegel, stein auf stein fügt, hat der zimmermann seinen platz daneben aufgeschlagen. Lustig klingen die axthiebe. Er macht das dach. Was für ein dach? Ein schönes oder ein hässliches? Er weiß es nicht. Das dach.

Und dann nimmt der tischler das maß für türen und fenster, und es erscheinen alle die anderen und messen und gehen in ihre werkstatt und arbeiten. Und dann rührt der bauer ein großes schaff mit kalkfarbe an und macht das haus schön weiß. Den pinsel aber hebt er auf, denn zu ostern übers jahr wird er wieder gebraucht werden.

Er hat für sich und die seinen und sein vieh ein haus errichten wollen, und das ist ihm gelungen. Genau so wie es seinem nachbarn oder seinem urahn gelang. Wie es jedem tier gelingt, das sich von seinen instinkten leiten lässt. Ist das haus schön? Ja, genau so schön ist es, wie es die rose oder die distel, das pferd oder die kuh sind.

Und ich frage wieder: Warum schändet ein architekt, der gute wie der schlechte, den see? Der architekt hat wie fast jeder stadtbewohner keine kultur. Ihm fehlt die sicherheit des bauern, der kultur besitzt. Der stadtbewohner ist ein entwurzelter.

Ich nenne kultur jene ausgeglichenheit des inneren und äußeren menschen, die allein ein vernünftiges denken und handeln verbürgt. Ich werde demnächst einen vortrag halten: Warum haben die papuas eine kultur und die deutschen keine?
Die geschichte der menschheit hatte bisher noch keine periode der kulturlosigkeit zu verzeichnen. Diese periode zu schaffen war dem stadtmenschen in der zweiten hälfte des neunzehnten jahrhunderts vorbehalten. Bis dahin blieb die entwicklung unserer kultur in schönem, gleichmäßigem fluss. Man gehorchte der stunde und sah nicht vorwärts und nicht rückwärts.

Aber da tauchten falsche propheten auf. Sie sagten: Wie ist doch unser leben so hässlich und freudlos. Und sie trugen alles aus allen kulturen zusammen, stellten es in museen auf und sagten: Sehet, das ist schönheit. Ihr aber habt in erbärmlicher hässlichkeit gelebt.

Da gab es hausrat, der wie häuser mit säulen und gesimsen versehen war, da gab es samt und seide. Da gab es vor allem ornamente. Und da der handwerker, weil er ein moderner, kultivierter mann war, nicht im stande war, ornamente zu zeichnen, gründete man schulen, in denen gesunde junge menschen so lange verbogen wurden, bis sie es konnten. Wie man in China kinder in eine vase steckt und sie jahrelang füttert, bis sie als greuliche missgeburten ihren käfig sprengen. Diese greulichen geistigen missgeburten wurden nun genau so wie ihre chinesischen brüder gebührend angestaunt und konnten dank ihrer defekte leicht ihr brot verdienen.

Es war nämlich damals niemand da, der den menschen zugerufen hätte: Bedenkt doch, der weg der kultur ist ein weg vom ornament weg zur ornamentlosigkeit! Evolution der kultur ist gleichbedeutend mit dem entfernen des ornamentes aus dem gebrauchsgegenstande. Der papua bedeckt alles, was ihm erreichbar ist, mit ornamenten, von seinem antlitz und körper bis zu seinem bogen und ruderboot. Aber heute ist die tätowierung ein degenerationszeichen und nur mehr bei verbrechern und degenerierten aristokraten im gebrauch. Und der kultivierte mensch findet, zum unterschied vom papua-neger, ein untätowiertes antlitz schöner als ein tätowiertes, und wenn die tätowierung von Michelangelo oder Kolo Moser selbst herrühren sollte. Und der mensch des neunzehnten jahrhunderts will nicht nur sein antlitz, sondern auch seinen koffer, sein kleid, seinen hausrat, seine häuser vor den künstlich erzeugten neuen papuas geschützt wissen. Die gotik? Wir stehen höher als die menschen der gotik. Die renaissance? Wir stehn höher. Wir sind feiner und edler geworden. Uns fehlen die robusten nerven, die dazu gehören, um aus einem elfenbeinhumpen zu trinken, in den eine amazonenschlacht eingeschnitten ist. Alte techniken sind uns verloren gegangen? Gott sei dank! Wir haben dafür die sphärenklänge Beethovens eingetauscht. Unsere tempel sind nicht mehr wie der Parthenon blau, rot, grün und weiß angestrichen. Nein, wir haben gelernt, die schönheit des nackten steines zu empfinden.

Aber es war — ich sagte es schon — damals niemand da, und die feinde unserer kultur und die lobredner alter kulturen hatten leichtes spiel. Sie befanden sich überdies in einem irrtum. Sie missverstanden die vergangenen epochen. Da nämlich nur jene gegenstände aufbewahrt wurden, die sich dank ihrer zwecklosen ornamentik wenig zum gebrauch eigneten und daher nicht aufgebraucht wurden, kamen nur die ornamentierten dinge auf uns, und da nahm man an, dass es früher nur ornamentierte dinge gegeben hätte. Außerdem waren die dinge durch ihre ornamente leicht nach alter und herkunft zu bestimmen, und das katalogisieren war eine der erbaulichsten vergnügungen jener gottverdammten zeit.

Da konnte aber der handwerker nicht mit. Er sollte nämlich alles, was durch jahrtausende bei allen völkern gemacht wurde, an einem tage machen und neu erfinden können. Diese dinge waren jeweils ausdruck ihrer kultur und wurden von den meistern so gefertigt, wie der bauer sein haus baut. Der meister von heute konnte arbeiten wie der meister von eh und je. Aber ornamente konnte der zeitgenosse Goethes nicht mehr machen. Da wurden die verbogenen geholt und dem meister als vormünder vorgesetzt.

Der maurermeister, der baumeister erhielt einen vormund. Der baumeister konnte nur häuser bauen: im stile seiner zeit. Aber der, der in jedem vergangenen stile bauen konnte, der, der aus dem kontakt mit seiner zeit gekommen war, der entwurzelte und verbogene, er wurde der herrschende mann, er, der architekt.

Der handwerker konnte sich nicht viel um bücher kümmern. Der architekt bezog alles aus büchern. Eine ungeheure literatur versorgte ihn mit allem wissenswerten. Man ahnt nicht, wie vergiftend diese unzahl von geschickten verlegerpublikationen auf unsere stadtkultur gewirkt, wie sie jede selbstbesinnung verhindert hat. Ob der architekt sich die formen so eingeprägt hatte, dass er sie aus dem gedächtnisse nachzeichnen konnte, oder ob er das vorlagewerk während seines »künstlerischen schaffens« vor sich liegen haben musste, kam auf eins heraus. Der effekt war immer derselbe. Es war immer ein greuel. Und dieser greuel wuchs ins unendliche. Ein jeder war bestrebt, seine sache in neuen publikationen verewigt zu sehen, und eine große zahl architektonischer blätter kam dem eitelkeitsbedürfnis der architekten entgegen. Und so ist es geblieben bis zum heutigen tage.

Aber der architekt hat den bauhandwerker auch aus einem anderen grunde verdrängt. Er lernte zeichnen, und da er nichts anderes lernte, so konnte er es. Das kann der handwerker nicht. Seine hand ist schwer geworden. Die risse der alten meister sind schwerfällig, jeder baugewerbeschüler kann das besser. Und erst der sogenannte flotte darsteller, der von jedem architektenbüro gesuchte und hoch bezahlte mann!

Die baukunst ist durch den architekten zur graphischen kunst herabgesunken. Nicht der erhält die meisten aufträge, der am besten bauen kann, sondern der, dessen arbeiten sich auf dem papier am besten ausnehmen. Und diese bei den sind antipoden. Wenn man die künste in eine reihe stellt und mit der graphik beginnt, so finden wir, dass es von ihr übergänge zur malerei gibt. Von dieser kann man durch die farbige skulptur zur plastik, von der plastik zur architektur gelangen. Graphik und architektur sind anfang und ende einer reihe.

Der beste zeichner kann ein schlechter architekt, der beste architekt kann ein schlechter zeichner sein. Schon bei der berufswahl zum architekten wird das talent zur graphischen kunst verlangt. Unsere ganze neue architektur ist am reißbrett erfunden, und die so entstandenen zeichnungen werden plastisch dargestellt, ähnlich wie man im panoptikum gemälde stellt.

Den alten meistern aber war die zeichnung nur ein mittel, um sich dem ausführenden handwerker verständlich zu machen. Wie sich der dichter durch die schrift verständlich machen muss. Aber wir sind noch nicht so kulturlos, dass wir einen knaben mit kalligraphischer handschrift die dichterei erlernen ließen. Nun ist dies wohl bekannt: ein jedes kunstwerk hat starke innere gesetze, dass es nur in einer einzigen form erscheinen kann. Ein roman, der ein gutes drama ergibt, ist sowohl als roman wie auch als drama schlecht. Ein weit ärgerer fall ist es noch, wenn zwei verschiedene künste, weisen sie auch sonst berührungspunkte auf, vermischt werden können. Ein bild, das zur panoptikumgruppe taugt, ist ein schlechtes bild. Den salontiroler kann man wohl bei Kastan zu sehen bekommen, nicht aber einen sonnenaufgang von Monet oder eine radierung von Whistler. Fürchterlich aber ist es, wenn eine architekturzeichnung, die man durch die art ihrer darstellung schon als graphisches kunstwerk gelten lassen muss – und es gibt wirkliche graphische künstler unter den architekten –, in stein, eisen und glas ausgeführt wird. Denn das zeichen des echt empfundenen bauwerkes ist: dass es wirkungslos in der fläche bleibt. Könnte ich das stärkste architektonische ereignis, den palazzo Pitti, aus dem gedächtnis der zeitgenossen löschen und vom besten zeichner gezeichnet als konkurrenzprojekt einreichen lassen: das preisgericht würde mich ins irrenhaus sperren.

Heute aber herrscht der flotte darsteller. Nicht mehr das handwerkszeug schafft die formen, sondern der bleistift. Aus der profilierung eines bauwerkes, aus der art seiner ornamentierung kann der beschauer entnehmen, ob der architekt mit bleistift nummer 1 oder mit bleistift nummer 5 arbeitet. Und welche fürchterliche geschmacksverheerung hat der zirkel auf dem gewissen! Das punktieren mit der reißfeder hat die quadratseuche erzeugt. Keine fensterumrahmung, keine marmorplatte bleibt im maßstab 1:100 unpunktiert, und maurer und steinmetz müssen den graphischen unsinn im schweiße ihres angesichts auskratzen und abstocken. Ist dem künstler zufällig tusche in die reißfeder gekommen, so wird auch der vergolder bemüht.

Ich aber sage: Ein rechtes bauwerk macht im bilde, auf die fläche gebracht, keinen eindruck. Es ist mein größter stolz, dass die innenräume, die ich geschaffen habe, in der photographie vollständig wirkungslos sind. Dass die bewohner meiner räume im photographischen bilde ihre eigene wohnung nicht erkennen, genau wie der besitzer eines bildes von Monet das werk bei Kastan nicht erkennen würde. Auf die ehre, in den verschiedenen architektonischen zeitschriften veröffentlicht zu werden, muss ich verzichten. Die befriedigung meiner eitelkeit ist mir versagt.

Und so ist mein wirken vielleicht wirkungslos. Man kennt nichts von mir. Da aber zeigt sich die kraft meiner ideen und die richtigkeit meiner lehre. Ich, der unveröffentlichte, ich, dessen wirken man nicht kennt, ich bin der einzige von den tausenden, der wirklichen einfluss besitzt. Ich kann mit einem beispiel dienen. Als es mir zum ersten male vergönnt war, etwas zu schaffen – es war schwer genug, da, wie ich sagte, arbeiten in meinem sinne graphisch nicht dargestellt werden können –, da wurde ich arg angefeindet. Es war vor zwölf jahren: das Café Museum in Wien. Die architekten nannten es das »Café nihilismus«. Aber das Café Museum besteht heute noch, während alle die modernen tischlerarbeiten der tausend anderen schon längst in die rumpelkammer geworfen wurden. Oder sie haben sich dieser arbeiten zu schämen. Und dass das Café Museum mehr einfluss auf unsere heutige tischlerarbeit gehabt hat, als alle vorherigen arbeiten zusammen, das kann ihnen ein blick in den jahrgang 1899 der münchner »Dekorativen Kunst« zeigen, in welcher zeitschrift dieser innenraum – ich glaube, er gelangte durch ein versehen der redaktion hinein – reproduziert wurde. Aber diese beiden photographischen reproduktionen waren es nicht, die damals den einfluss ausmachten – sie blieben vollständig unbeachtet. Nur die kraft des beispieles hat einfluss gehabt. Jene kraft, mit der auch die alten meister gewirkt haben, schneller und rascher bis in die entferntesten erdenwinkel, obgleich oder vielmehr weil es noch keine post, keine telegraphen und zeitungen gab.

Die zweite hälfte des neunzehnten jahrhunderts war erfüllt von dem ruf der kulturlosen: Wir haben keinen baustil! Wie falsch, wie unrichtig! Gerade diese zeit hatte einen stärker akzentuierten, einen stärker von jeder früheren periode unterscheidbaren stil als je eine zuvor; es war ein wechsel, der in der kulturgeschichte ohne beispiel dasteht. Da aber die falschen propheten ein produkt nur an dem verschieden gearteten ornament erkennen konnten, wurde ihnen das ornament zum fetisch, sie unterschoben diesen wechselbalg, indem sie ihn stil nannten. Wahren stil hatten wir schon, aber wir hatten kein ornament. Wenn ich sämtliche ornamente unserer alten und neuen häuser herunterschlagen könnte, dass nur die nackten mauern zurückblieben, wäre es allerdings schwer, das haus des fünfzehnten jahrhunderts vom hause des siebzehnten jahrhunderts zu unterscheiden. Aber die häuser des neunzehnten jahrhunderts fände jeder laie auf den ersten blick heraus. Wir hatten kein ornament, und sie jammerten, dass wir keinen stil hätten. Und sie kopierten solange vergangene ornamente, bis sie es selbst lächerlich fanden, und als das nicht mehr weiter ging, erfanden sie neue ornamente, das heißt, sie waren kulturell so tief gesunken, dass sie es konnten. Und sie freuen sich nun, dass sie den stil des zwanzigsten jahrhunderts gefunden hätten.

Aber der stil des zwanzigsten jahrhunderts ist das nicht. Es gibt gar viele dinge, die den stil des zwanzigsten jahrhunderts in reiner form zeigen. Das sind jene, deren erzeugern die verbogenen nicht als vormünder eingesetzt wurden. Solche erzeuger sind vor allem die schneider. Solche sind die schuhmacher, die taschner und sattler, solche sind die wagenhauer, die instrumentenmacher und alle, alle jene, die nur darum der allgemeinen entwurzelung entgingen, weil ihr handwerk den kulturlosen nicht vornehm genug erschien, es ihrer reformen teilhaftig werden zu lassen. Welches glück! Aus diesen resten, die mir die architekten gelassen haben, konnte ich vor zwölf jahren die moderne tischlerei rekonstruieren, jene tischlerei, die wir besäßen, wenn die architekten nie ihre nase in die tischlerwerkstätte hineingesteckt hätten. Denn nicht wie ein künstler bin ich an die aufgabe getreten, frei schaffend, der phantasie freien spielraum lassend. So ähnlich drückt man sich wohl in künstlerkreisen aus. Nein. Sondern zaghaft wie ein lehrling ging ich in die werkstätten, ehrfürchtig sah ich zu dem mann mit der blauen schürze empor. Und bat: Lass mich deines geheimnisses teilhaftig werden! Denn schamhaft vor den blicken der architekten verborgen lag noch manches stück werkstatt-tradition. Und als sie meinen sinn erkannten, als sie sahen, dass ich nicht einer bin, der ihr geliebtes holz auf grund von reißbrettphantasien verunstalten will, als sie sahen, dass ich die edle farbe ihres ehrfürchtig verehrten materials nicht mit grünen oder violetten beizen schänden wollte, da kam ihr stolzes werkstattbewusstsein an die oberfläche und ihre sorgsam verborgene tradition kam zum vorschein und ihr hass gegen ihre bedrücker machte sich luft. Und ich fand die moderne wandverkleidung in den paneelen, die den wasserkasten des alten waterclosets verbergen, ich fand die moderne ecklösung bei den kassetten, in denen die silberbestecke aufbewahrt wurden, ich fand schloss und beschläge beim koffer- und klaviermacher. Und ich fand das wichtigste: dass der stil vom jahre 1900 sich vom stile des jahres 1800 nur so weit unterscheidet, als sich der frack vom jahre 1900 vom frack des jahres 1800 unterscheidet. Das ist nicht viel. Der eine war aus blauem tuch und hatte goldene knöpfe, der andere ist aus schwarzem und hat schwarze knöpfe. Der schwarze frack ist im stile unserer zeit. Das kann niemand leugnen. Die verbogenen waren in ihrem hochmut an der reformierung unserer kleidung vorbeigegangen. Sie waren nämlich alle ernste männer, die es unter ihrer würde fanden, sich mit solchen dingen abzugeben. Und so blieb unsere kleidung im stile ihrer zeit. Dem würdigen ernsten manne ziemte nur das erfinden von ornamenten.

Als mir nun endlich die aufgabe zuteil wurde, ein haus zu bauen, sagte ich mir: Ein haus kann sich in der äußeren erscheinung höchstens wie der frack verändert haben. Also nicht viel. Und ich sah die alten bauten, und sah, wie sie sich von jahrhundert zu jahrhundert, von jahr zu jahr vom ornamente emanzipierten. Ich musste daher dort anknüpfen, wo die kette der entwicklung zerrissen wurde. Eines wusste ich: ich musste, um in der linie der entwicklung zu bleiben, noch bedeutend einfacher werden. Die goldenen knöpfe musste ich durch schwarze ersetzen. Unauffällig muss das haus aussehen. Hatte ich nicht einmal den satz geprägt: modern gekleidet ist der, der am wenigsten auffällt. Das klang paradox. Aber es fanden sich brave menschen, die diesen wie so viele andere meiner paradoxen einfälle sorgfältig aufhoben und von neuem drucken ließen. Das geschah so oft, dass die leute sie schließlich für wahr hielten.

Was jedoch die unauffälligkeit angeht, da hatte ich eines nicht ins kalkül gezogen. Nämlich: was von der kleidung galt, das galt nicht in der architektur. Ja, wäre die architektur von den verbogenen in ruhe gelassen worden, und die kleidung im sinne alten theaterplunders oder secessionistisch — versuche dazu hatte es wohl gegeben — reformiert worden, dann wäre es umgekehrt gewesen.

Denken sie sich die situation so: Ein jeder trägt eine kleidung, die einer vergangenen zeit angehört oder einer imaginären, fernen zukunft. Da sähe man männer aus dem grauen altertum, frauen in hochgetürmten frisuren und reifrock, zierliche herren in burgundischer hose. Und dazwischen ein paar neckische moderne mit violetten escarpins und apfelgrünen seidenen wämsern mit applikationen von professor Walter Scherbel. Und nun träte ein mann in schlichtem gehrock unter sie. Würde der nicht auffallen? Ja, viel mehr, würde er nicht ärgernis erregen? Und würde nicht die polizei gerufen werden, die dazu da ist, alles zu entfernen, was ärgernis erregt?
Die sache ist aber umgekehrt. Die kleidung ist richtig, die harlekinade auf dem gebiete der architektur. Mein haus (gemeint ist das »Looshaus« auf dem Michaelerplatz in Wien, das im selben jahre erbaut wurde, in dem dieser artikel entstand) erregte richtig ärgernis und die polizei war prompt zur stelle. Solche dinge könne ich wohl zwischen vier wänden abtun, aber auf die straße gehöre so etwas nicht!

*

Vielen werden während meiner letzten ausführungen bedenken aufgestiegen sein, bedenken, die sich gegen den vergleich richten, den ich zwischen schneiderei und architektur mache. Die architektur ist doch eine kunst. Zugegeben, einstweilen zugegeben. Aber ist ihnen noch nie die merkwürdige übereinstimmung im äußeren der menschen und im äußeren der häuser aufgefallen? Passte nicht der gotische stil zur zatteltracht, die allongeperücke zum barock? Aber passen sich unsere heutigen häuser unserer tracht an? Man befürchtet die einförmigkeit? Ja, waren die alten bauten innerhalb einer epoche und innerhalb eines landes nicht auch einförmig? So einförmig, dass es uns möglich ist, sie dank ihrer einförmigkeit nach stilen und ländern, nach völkern und städten zu sichten? Die nervöse eitelkeit war den alten meistern fremd. Die formen hatte die tradition bestimmt. Nicht die formen änderten sie. Sondern die meister waren nicht imstande, die feste, geheiligte, traditionelle form unter allen umständen treu zu verwenden. Neue aufgaben änderten die form, und so wurden die regeln durchbrochen, neue formen entstanden. Aber die menschen der zeit waren einig mit der architektur ihrer zeit. Das neuerstandene haus gefiel allen. Heute gefallen die meisten häuser nur zwei menschen: dem bauherrn und dem architekten.

Das haus hat allen zu gefallen. Zum unterschiede vom kunstwerk, das niemandem zu gefallen hat. Das kunstwerk ist eine privatangelegenheit des künstlers. Das haus ist es nicht. Das kunstwerk wird in die welt gesetzt, ohne dass ein bedürfnis dafür vorhanden wäre. Das haus deckt ein bedürfnis. Das kunstwerk ist niemandem verantwortlich, das haus einem jeden. Das kunstwerk will die menschen aus ihrer bequemlichkeit reißen. Das haus hat der bequemlichkeit zu dienen. Das kunstwerk ist revolutionär, das haus konservativ. Das kunstwerk weist der menschheit neue wege und denkt an die zukunft. Das haus denkt an die gegenwart. Der mensch liebt alles, was seiner bequemlichkeit dient. Er hasst alles, was ihn aus seiner gewonnenen und gesicherten position reißen will und belästigt. Und so liebt er das haus und hasst die kunst. *So hätte also das haus nichts mit kunst zu tun und wäre die architektur nicht unter die künste einzureihen? Es ist so.* Nur ein ganz kleiner teil der architektur gehört der kunst an: das grabmal und das denkmal. Alles andere, alles, was einem zweck dient, ist aus dem reiche der kunst auszuschließen.

Erst wenn das große missverständnis, dass die kunst etwas ist, was einem zwecke angepasst werden kann, überwunden sein wird, erst wenn das lügnerische schlagwort »angewandte kunst« aus dem sprachschatz der völker verschwunden sein wird, erst dann werden wir die architektur unserer zeit haben. Der künstler hat nur sich selbst zu dienen, der architekt der allgemeinheit. Aber die verquickung von kunst und handwerk hat beiden, hat der menschheit unendlichen schaden zugefügt. Die menschheit weiß dadurch nicht mehr, was kunst ist. In sinnloser wut verfolgt sie den künstler und vereitelt dadurch das schaffen des kunstwerkes. Die menschheit begeht stündlich die ungeheure sünde, die nicht vergeben werden kann, die sünde wider den heiligen geist. Mord und raub, alles kann vergeben werden. Aber die vielen neunten symphonien, die die menschheit in ihrer verblendung durch verfolgung des künstlers – nein, schon durch unterlassungssünden – verhindert hat, die werden ihr nicht vergeben. Die durchkreuzung der pläne gottes wird ihr nicht vergeben.

Die menschheit weiß nicht mehr, was kunst ist. »Die kunst im dienste des kaufmannes« hieß neulich eine ausstellung in München, und keine hand fand sich, die das freche wort gezüchtigt hätte. Und niemand lacht bei dem schönen wort »angewandte kunst«.

Wer aber weiß, dass die kunst dazu da ist, um die menschen immer weiter und weiter, immer höher und höher zu führen, sie gottähnlicher zu machen, der empfindet die verquickung von materiellem zweck mit kunst als profanation des höchsten. Die menschen lassen den künstler nicht gewähren, weil sie keine scheu vor ihm haben, und das handwerk kann sich, mit den zentnergewichten idealer forderungen belastet, nicht frei entfalten. Der künstler hat bei den lebenden keine majorität hinter sich zu haben. Sein reich ist die zukunft.

Da es geschmackvolle und geschmacklose gebäude gibt, so nehmen die menschen an, dass die einen von künstlern herrühren, die anderen von nichtkünstlern. Aber geschmackvoll bauen ist noch kein verdienst, wie es kein verdienst ist, das messer nicht in den mund zu stecken oder sich des morgens die zähne zu putzen. Man verwechselt hier kunst und kultur. Wer kann mir aus vergangenen epochen, also aus kultivierten zeiten, eine geschmacklosigkeit nachweisen? Die häuser des kleinsten maurermeisters in der provinzstadt hatten geschmack. Freilich gab es große und kleine meister. Den großen meistern waren die großen arbeiten vorbehalten. Die großen meister hatten dank ihrer hervorragenden bildung einen innigeren kontakt mit dem weltgeist als die andern.

Die architektur erweckt stimmungen im menschen. Die aufgabe des architekten ist es daher, die stimmung zu präzisieren. Das zimmer muss gemütlich, das haus wohnlich aussehen. Das justizgebäude muss dem heimlichen laster wie eine drohende gebärde erscheinen. Das bankhaus muss sagen: hier ist dein geld bei ehrlichen leuten fest und gut verwahrt.

Der architekt kann das nur erreichen, wenn er bei jenen gebäuden anknüpft, die bisher im menschen diese stimmung erzeugt haben. Bei den chinesen ist die farbe der trauer weiß, bei uns schwarz. Unseren baukünstlern wäre es daher unmöglich, mit schwarzer farbe freudige stimmung zu erregen.

Wenn wir im walde einen hügel finden, sechs schuh lang und drei schuh breit, mit der schaufel pyramidenförmig aufgerichtet,dann werden wir ernst, und es sagt etwas in uns: Hier liegt jemand begraben. *Das ist architektur.*

Unsere kultur baut sich auf der erkenntnis von der alles überragenden größe des klassischen altertums auf. Die technik unseres denkens und fühlens haben wir von den römern übernommen. Von den römern haben wir unser soziales empfinden und die zucht der seele.

Es ist kein zufall, dass die römer nicht im stande waren, eine neue säulenordnung, ein neues ornament zu erfinden. Dazu waren sie schon zu weit vorgeschritten. Sie haben das alles von den griechen übernommen und haben es für ihre zwecke adaptiert. Die griechen waren individualisten. Jedes bauwerk musste seine eigene profilierung, seine eigene ornamentierung haben. Die römer aber dachten sozial. Die griechen konnten kaum ihre städte verwalten, die römer den erdball. Die griechen verschwendeten ihre erfindungskraft in der säulenordung, die römer verwendeten sie auf den grundriss. Und wer den großen grundriss lösen kann, der denkt nicht an neue profilierungen.

Seitdem die menschheit die größe des klassischen altertums empfindet, verbindet die großen baumeister ein gemeinsamer gedanke. Sie denken: so wie ich baue, hätten die alten römer auch gebaut. Wir wissen, dass sie unrecht haben. Zeit, ort, zweck und klima, das milieu machen ihnen einen strich durch diese rechnung.

Aber jedesmal wenn sich die baukunst immer und immer wieder durch die kleinen, durch die ornamentiker, von ihrem großen vorbilde entfernt, ist der große baukünstler nahe, der sie wieder zur antike zurückführt. Fischer von Erlach im süden, Schlüter im norden waren mit recht die großen meister des achtzehnten jahrhunderts. Und an der schwelle des neunzehnten stand Schinkel. Wir haben ihn vergessen. Möge das licht dieser überragenden gestalt auf unsere kommende baukünstlergeneration fallen!

HANDS OFF!

(1917)

Glaubt mir, ich war auch einmal jung. So jung wie die mitglieder des deutschen werkbundes, des österreichischen werkbundes, des usw. usw. Auch mir gefielen, als ich noch ein knabe war, die schönen ornamente, die unsern hausrat bedeckten, auch ich berauschte mich an dem worte »kunstgewerbe« — so hieß damals, was wir gestern »angewandte kunst« nannten und heute »werkkunst« nennen —, auch mich befiel eine tiefe traurigkeit, wenn ich meinen leib bis zu den füßen hinab besah und an meinem rocke, meiner weste, meiner hose und meinen schuhen so gar nichts von kunst, gewerbekunst, angewandter kunst, also kunst überhaupt, entdecken konnte.

Aber ich wurde älter und in meinen jünglingsjahren fiel mir dann doch auf, dass in früheren zeiten der rock sich mit dem schranke im einklang befunden hatte. Damals hatten beide ornamente, beide wiesen dieselbe kunstübung auf, und so blieb mir nur übrig, darüber nachzudenken, wer recht habe, der heutige, ornamentlose rock oder der heutige schrank mit seinen altherkömmlichen ornamenten des renaissance-, rokoko-, empirestils. Darüber waren wir uns einig, dass sowohl der rock wie der schrank dem geiste unserer zeit entsprechen sollten. Ich und die andern. Aber ich gab den träumen meiner knabenjahre den abschied, die andern blieben ihnen treu. Und von da an stimmten wir nicht mehr zusammen. Ich entschied mich für den rock. Ich sagte, dass er recht habe. Ich fand, dass er, und nicht der schrank, im geiste unserer zeit geschaffen sei. Er hatte keine ornamente. Nun gut — es war mir hart, so zu denken, aber ich dachte es durch — unsere zeit hat eben keine ornamente. Wie, keine ornamente? Wo doch die ornamente aus allen zeitschriften, aus »Jugend«, »Deutscher Kunst und Dekoration«, »Dekorativer Kunst« usw. nur so sprossten und blühten? Und ich dachte die sache wieder und wieder durch, und, so weh es mir tat, ich fand, dass diese neuerfundenen ornamente noch weniger mit unserer zeit zu tun hatten, als die falsche nachahmung alter stile. Ich fand, dass sie nichts anderes sind als krankhafte hirngespinste einzelner, die unseligerweise den kontakt mit der zeit verloren haben, kurz ich fand, was ich in meinem vortrag »ornament und verbrechen« ausgeführt habe.

Also nochmals: der anzug, den ich trage, ist wirklich im geiste unserer zeit geschaffen, und ich werde daran bis an mein lebensende glauben, und wenn ich auf der weh der einzige mit diesem glauben bleiben sollte. Aber ich fand noch viele andere gegenstände, die diesen geist unserer zeit aufwiesen. Da gab es schuhe und stiefel, koffer und pferdegeschirre, zigarettenetuis und uhren, perlenschnüre und ringe, stöcke und schirme, wagen und visitkarten. Und daneben, zur gleichen Zeit, die arbeiten unseres kunstgewerbes, die einen ganz anderen geist aufwiesen. Ich suchte den grund dieses diametralen gegensatzes aufzufinden. Den fand ich leicht. Alle — für mich — unzeitgemäßen arbeiten waren von handwerkern erzeugt worden, die in die abhängigkeit von künstlern und architekten geraten waren, während die arbeiten, die zeitgemäß waren, von handwerkern geschaffen wurden, denen der architekt noch keine entwürfe lieferte.

Für mich stand der satz fest: Wollt ihr ein zeitgemäßes handwerk haben, wollt ihr zeitgemäße gebrauchsgegenstände haben, so vergiftet die architekten.

Ich habe mich damals, es sind jetzt zwanzig jahre her, wohlweislich gehütet, diesen vorschlag auszusprechen. Ich war feige und fürchtete die folgen. Ich schlug daher einen andern weg ein. Ich sagte mir: ich will den tischler lehren, so zu arbeiten, als hätte noch nie ein architekt in seine werkstatt hinein gepfuscht.

Das war leichter gedacht als getan. Es war so, als sollte ein mann unser modernes männerkleid erfinden, nachdem durch ein jahrhundert alle leute wie auf einem maskenball in griechischer, burgundischer, ägyptischer oder rokokotracht herumgelaufen waren. Aber als ich die schneiderei betrachtete, konnte ich mir sagen: hundert jahre haben keine so großen umwälzungen hervorgebracht. Vor hundert jahren trug man einen blauen frack mit goldenen knöpfen, heute trägt man einen schwarzen mit schwarzen knöpfen. Sollte es in einer schreinerei wirklich ganz anders sein?

Ich dachte: Vielleicht haben diese vermaledeiten architekten auch in der tischlerei irgendetwas übrig gelassen, woran sich für das heutige anknüpfen ließe, vielleicht ist in der tischlerwerkstatt etwas ihren verruchten händen entgangen und hat ohne ihre mithilfe den ruhigen gang der entwicklung genommen? Das dachte ich beim aufstehen und einschlafen, beim essen und trinken, beim spazierengehen, kurz immer und überall. Da fiel mein blick auf den guten alten wasserkasten mit seiner holzverkleidung, die die rückwand zum watercloset alten systems bildet. Da war, was ich suchte!

Welches glück! Sind doch auch alle anderen gegenstände, die zu unserer reinigung dienen, bad und waschtisch, kurz alle sanitären artikel, von den »künstlern« verschont geblieben. Wohl gab es vereinzelte geschirre unter dem bette, die von künstlerhand mit rokokoornamenten verziert waren, aber sie waren selten. Und so war auch jene einzige tischlerarbeit — als nicht nobel genug — der »angewandten kunst« entgangen.

Was war nun das wesentliche an dieser holzverkleidung?

Da muss ich bitten, ein paar worte über tischlertechnik sagen zu dürfen. Der tischler kann auf verschiedene art hölzer zu einer fläche zusammenfügen. Eine davon ist das system: rahmen und füllung. Zwischen dem rahmen und der füllung wurde als übergang eine profilierte leiste eingeschoben, oder der rahmen, da die füllung fast immer vertieft lag, mit einem profil, einer kehlung versehen. Ganz abrupt saß die füllung einen halben zentimeter hinter dem rahmen. Das war alles. Vor hundert jahren war es genau ebenso gewesen. Nun hatte ich die gewissheit, dass sich an dieser form nichts geändert hatte und dass alle die versuche, mit denen uns die wiener Secession und die belgische moderne jählings überfallen hatten, verirrungen waren.

An die stelle der phantasieformen vergangener jahrhunderte, an die stelle der blühenden ornamentik vergangener zeiten, hatte daher die reine, pure konstruktion zu treten. Gerade linien, rechtwinkelige kanten: so arbeitet der handwerker, der nichts als den zweck vor augen und material und werkzeug vor sich hat.

Ein kollege (er ist heute ein führender wiener architekt) sagte mir einmal: »Ihre ideen mögen ja für die billige arbeit gelten. Was machen sie aber, wenn sie einen millionär einzurichten haben?« Er hatte von seinem standpunkt aus recht. Die phantastische form, die verzierung, war alles, was man an kostbarkeit kannte. Noch wusste man nichts von den wahren qualitätsunterschieden. Die aber hat es bei den vom architekten in ruhe gelassenen handwerkern immer gegeben. Kein mensch wunderte sich, dass für ein paar schuhe bei dem einen schuster zehn, bei einem andern fünfzig kronen bezahlt wurden, obgleich beide paare nach ein und derselben »zeichnung« im schuhmacherjournal gearbeitet waren. Aber wehe dem tischler, der bei einer ausschreibung fünfzig prozent mehr als sein konkurrent verlangt hätte! Da wurde nach material und arbeit nicht unterschieden, und der teure mann, der die bessere arbeit liefern wollte, wurde als schwindler gebrandmarkt.

So gab dieser gute arbeiter es auf und lieferte so schlecht wie die andern. Auch das haben wir den künstlern zu verdanken.

Man bedenke, dass edles material und gute arbeit fehlende ornamentik nicht etwa bloß aufwiegen, sondern dass sie ihr an köstlichkeit weit überlegen sind. Ja, sie schließen die ornamentik aus, denn selbst der verkommenste mensch wird sich heute scheuen, eine edle holzfläche mit intarsien zu verzieren, das seltsame naturspiel einer marmortafel zu gravieren oder einen herrlichen silberfuchs in kleine quadrate zu zerschneiden, um damit ein schachbrettmuster mit anderem pelzwerk zusammenzustückeln. Vergangene zeiten kannten die wertschätzung des materials, wie wir sie fühlen, nicht. Da konnte man leicht — und ohne gewissenbisse — ornamentieren. Wir haben für die ornamentik früherer perioden herrlicheres eingetauscht. *Das edle material ist gottes wunder*. Gerne gebe ich für eine wertvolle perlenschnur alle kunstwerke Laliques oder den ganzen schmuck der Wiener Werkstätte.

Was weiß aber auch der »künstler«, der am reißbrett sitzt, von der fanatischen besessenheit des perlenhändlers, der jahre seines lebens damit zubringt, eine perlenreihe zusammenzustellen, oder von den tiefen nöten des tischlers, der ein edles holz gefunden hat und nun eine bestimmte arbeit daraus verfertigen will?!

Im jahre 1898 wurde jedes holz rot, grün, blau oder violett gebeizt — der architekt hatte ja einen farbenkasten zur verfügung —, und erst, als ich in meinem Café Museum in Wien zum ersten mal bei einer modernen arbeit mahagoniholz verwendete, kamen die wiener darauf, dass es nicht nur phantastische formen und farben, sondern auch verschiedenes material gibt.

Und auch verschiedene arbeit. Weil ich dies wusste und achtete, leben einfache möbel, die ich vor zwanzig jahren geschaffen habe, heute noch und sind im gebrauch (so ein speisezimmer in Buchs bei Aarau). Die phantasieerzeugnisse des secessions- und jugendstils jener Zeit sind verschwunden und vergessen.

Material und arbeit haben das recht, nicht alle jahre durch neue modeströmungen entwertet zu werden.

edition schatten

Ludwig Binswanger:
Traum und Existenz. Mit einem Vorwort von Michel Foucault.
ISBN: 978-3-98731-501-5
Erschienen im März 2023.

Max Stirner:
Kleine Schriften. Mit einem Vorwort von Wolfgang Eßbach.
ISBN: 978-3-98731-502-2
Erscheint im Oktober 2023.